U0360512

高等职业教育汽车类新形态一体化教材

新能源汽车
整车控制技术

胡　菊　胡雄彪　李　强　主编

匡伟祥　倪敬刚　副主编

清华大学出版社

北京

内 容 简 介

本书将新能源汽车整车控制技术的主要知识点整合为高压系统及其安全操作、动力电池、驱动电机、充电系统、整车控制系统 5 个项目,每个项目都遵循"情景导入→学习目标→知识储备→任务实施→大国工匠→项目测验"的学习过程,在此过程中既注重培养学生的知识认知能力、原理分析能力及实践操作能力,又着力提升学生的安全意识、环保意识、职业认同感和社会责任感。本书内容通俗易懂,编写时注意少理论、重实操,符合技能型人才培养的要求。

本书可作为职业院校新能源汽车类专业的教学用书,也可作为新能源汽车装调与测试职业技能等级证书考证用书,还可作为相关企业的技术培训资料和汽车从业人员的参考用书。

图书在版编目(CIP)数据

新能源汽车整车控制技术/胡菊,胡雄彪,李强主编. -- 北京 :
清华大学出版社,2025. 4. --(高等职业教育汽车类新形态一体化
教材). -- ISBN 978-7-302-68707-8

Ⅰ. U469.7

中国国家版本馆 CIP 数据核字第 202533CA57 号

责任编辑:王剑乔
封面设计:常雪影
责任校对:袁 芳
责任印制:丛怀宇

出版发行:清华大学出版社
      网　　址:https://www.tup.com.cn,https://www.wqxuetang.com
      地　　址:北京清华大学学研大厦 A 座　　邮　　编:100084
      社 总 机:010-83470000　　邮　　购:010-62786544
      投稿与读者服务:010-62776969,c-service@tup.tsinghua.edu.cn
      质量反馈:010-62772015,zhiliang@tup.tsinghua.edu.cn
      课件下载:https://www.tup.com.cn,010-83470410
印 装 者:三河市少明印务有限公司
经　　销:全国新华书店
开　　本:185mm×260mm　　印　张:9.5　　字　数:213 千字
版　　次:2025 年 4 月第 1 版　　印　次:2025 年 4 月第 1 次印刷
定　　价:49.00 元

产品编号:106844-01

本书编委会

主　编：胡　菊　胡雄彪　李　强

副主编：匡伟祥　倪敬刚

编　委：朱建武　谷乐知　蒋志飞

前 言

在能源形势严峻和低碳经济的时代背景下,世界各国越发重视能源和环保问题,作为能源消耗和环境污染的重点领域,交通领域的能源转型备受瞩目。

当前,很多国家都已在新能源领域主动布局,积极推动各种新型车用能源技术的发展,2016—2023年,美国、日本、欧盟各国与我国都在不断加大对新能源汽车市场的投入。2016年,全球新能源汽车的年销量约为77万辆,2022年已达到1044万辆,2023年全球新能源汽车销量更是达到了1465.3万辆,同比增长35.4%。其中,仅我国新能源汽车销量便已达到惊人的949.5万辆,占全球销量的64.8%。作为目前全球最大的新能源汽车市场,我国贡献了全球六成以上的销量,且这个数量还在持续高速增长。新能源汽车(特别是纯电动汽车)在国内市场上的保有量惊人,其售后市场亟须大量掌握新能源汽车核心技术的技能型人才。2023年,教育部在6个重点领域启动专业课程改革试点项目,其中就包括新能源汽车领域,因此,结合国内及本地区新能源汽车技术发展趋势及新能源汽车行业对技能人才培养提出的要求,开发出一本具有应用性和实践性的新能源汽车整车控制系统检修类教材便具有了一定的价值。

"新能源汽车整车控制技术"是新能源汽车技术专业必修的专业核心课程,本书贯彻"少而精"的教学原则,注意教材的实用性和先进性,力求概念叙述清楚,内容深入浅出。从职业能力培养的角度出发,培养学生的实际运用能力,以科学性、实用性、通用性为原则,使本书符合职业教育汽车类课程体系的设置。

本书的编写前后耗时近一年,在本书编写前期,编写团队积极响应地区和学校发展需求,用了近一年半的时间完成了线上精品课程——"新能源汽车整车控制技术"的建设。该课程为湖南省教学资源库重点建设课程,在学习通平台的开放时间虽然较短,但应用效果良好,受到了广大师生的一致好评。截至2024年9月底,课程页面浏览量875102次,在该课程落地的基础上,本书的基本内容也初具雏形。2024年年初,经多次讨论,团队成员一致认为有必要联合企业专家编写一门配套教材以整合课程、校企资源,自此本书的编写工作正式开始。接下来大半年的时间里,编者通过查找各种资料,走访不同的校企合作单位,了解企业的需求并逐步完善案例,到10月底,

IV

本书初步定稿。

在内容上,本书主要参照比亚迪 E6、比亚迪 E5、北汽 EU260 等几款汽车的维修手册及市面上部分整车检修、整车控制器检修教材,在此基础上对接汽车 1+ X 职业技能等级证书、中职新能源检测与维修技术、高职汽车故障检修赛项,结合企业实际检修案例,对整车控制系统的知识体系进行拆解,将主要知识点整合为 5 个项目,分别为新能源汽车高压系统及其安全操作、动力电池、驱动电机、充电系统、整车控制系统。其中,项目 1 和项目 2 由胡菊老师牵头完成,项目 3 和项目 4 由李强老师主要负责,项目 5 则由我们所有的团队成员一起参与完成。希望通过这 5 个项目的学习,学生能对新能源汽车整车控制系统方面的知识有整体的认识与把握。

相比于其他同类书籍,本书的特点是更注重理实结合,重点分析新能源汽车整车组成及控制系统对整车各部件的控制,在此基础上也简单地介绍了部件的维护检修,整体内容丰富、图文并茂、通俗易懂、资源丰富、演练结合,更适合不喜欢烦琐理论的新能源汽车专业、汽车运用技术专业的技能型学生。此外,本书立足于实际维修案例开发和设计内容,迎合了我国新能源汽车企业需要,也可作为企业培养应用型技术技能人才的入门教材。

在编写本书的过程中,编者获得了大量的帮助和指导,在此特别感谢郴州职业技术学院领导陈向荣教授为我们提供的技术设备支持,感谢超星团队提供的图片支持和视频资源。

由于编者的水平有限,本书还有很多不足,如有不妥之处,希望广大读者及时提出意见和建议,以便在修订时改正和完善。

编 者
2025 年 1 月

目　录

本书配套
教学资源

项目 3　驱动电机　　<<<61

项目 4　充电系统　　<<<88

项目 5　整车控制系统　　<<<113

VIII

项目 1

高压系统及其安全操作

◎ **情景导入**

　　任务引入：小刘新买的新能源汽车无法上电，送进 4S 店后，维修人员表示车辆需要进行高压系统电路检修，并表示车辆在检修之前必须执行高压系统中止，且完成高压电禁用确认后才可以执行维修，你知道如何操作吗？

　　引导问题：新能源的高压电是一直存在的吗？高压电如何接通与关闭？

　　问题分析：要完成以上任务必须掌握以下内容。

(1) 高压系统包含哪些部件？

(2) 意外触电如何紧急处理？

(3) 高压系统的安全操作需要哪些工具？

(4) 如何进行高压系统的安全操作(高压下电)？

　　接下来我们就通过知识储备完成以上 4 项内容的学习。

◎ **学习目标**

知识目标：

(1) 掌握纯电动车主要高压部件。

(2) 掌握电动汽车高压系统的安全操作要点。

能力目标：

(1) 能说出纯电动汽车高压系统的主要部件。

(2) 会使用高压绝缘工具。

(3) 能进行上、下电操作。

素质目标：

养成认真严谨、细致谨慎的职业素养。

2

知识储备

1.1 高压系统认知

高压系统
认知

随着环境问题的日益严峻,世界上各汽车生产大国都把目光投向了新能源汽车,越来越多的电动汽车被投入市场。2016年,全球新能源汽车的年销量约为77万辆,2022年已达到1044万辆,2023年,全球新能源汽车销量更是达到了1465.3万辆,同比增长35.4%。其中,仅我国新能源汽车销量便已达到惊人的949.5万辆,占全球销量的64.8%。随着市场上新能源汽车(特别是纯电动汽车)的占有量不断攀升,新能源汽车的维修与保养需求也开始急速增长,然而占据新能源汽车大部分的电动汽车的一个重要特点就是带有高压动力回路,其工作回路中的电压可在600V以上。因此,在考虑电动汽车给我们带来方便的同时,电动汽车的高压安全问题同样不容忽视,认识电动汽车的高压元器件便显得尤为重要。

1.1.1 新能源车与传统汽车的区别

新能源汽车是指采用非常规车用燃料作为动力源(或采用常规车用燃料和新型车用动力装置),集成了车辆动力控制和驱动等先进技术,具有先进技术原理、新技术和新结构的汽车。这包括混合动力汽车(HEV)、纯电动汽车(BEV)、燃料电池汽车(FCEV)、氢燃料汽车、燃气汽车、醇醚汽车等。

电动汽车是指以车载电源为动力,用电机驱动车轮行驶,符合道路交通、安全法规各项要求的车辆。

目前电动汽车的种类主要有纯电动汽车、混合动力汽车、燃料电池汽车3类,为简化研究,本书主要讨论对象为纯电动汽车。

纯电动汽车与传统汽车相比在组成上有较大差别,主要体现在动力系统、动力来源及动力控制系统上。

电动汽车动力系统由传统的发动机转换成了电机,动力来源由传统的汽油、柴油转换成了电池,而动力控制系统则由传统的发动机、变速器、车身控制、制动系等一系列控制系统转换为了电控系统。

1.1.2 电动汽车高压部件的组成

纯电动汽车高压部分的特点:高电压、大电流,通常配备400V左右的高压电,工作电流可在200A以上,随时会危及人身安全。电动汽车高压系统部件主要有高压配电盒、动力电池、驱动电机、电机控制器、电动压缩机、PTC加热器、车载充电机、充电口(快充座、慢充座)、控制单元等,如图1-1所示,需要特别说明的是,控制单元本身为低压,但它可以控制高压部分。此外,高压部分还包括将高压转换为低压的DC-DC转换器及负责断开高压电路的高压维修开关等。

纯电动汽
车高压系
统介绍

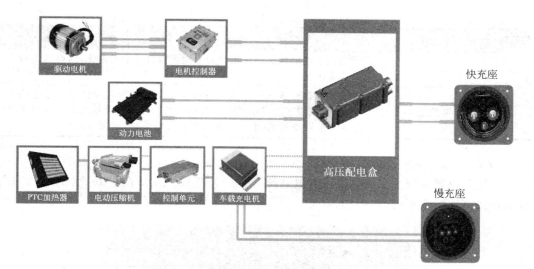

图 1-1　电动汽车高压系统部件

1. 高压配电盒

高压配电盒(图 1-2)主要是通过对接触器的控制将动力电池的高压直流电供给整车高压电器,同时接收车载充电机或非车载充电机的直流电给动力电池充电,此外,它还具有其他辅助检测功能,如电流检测、漏电检测等。

图 1-2　高压配电盒

1) 高压配电盒的作用

高压配电盒的作用如表 1-1 所示。

表 1-1　高压配电盒的作用

项目	功　　能	描　　述
1	高压直流输出(放电)	通过电池管理器控制预充接触器、主接触器等吸合,使放电回路导通,为电机控制器、空调负载等供电
2	车载充电器充电输入	通过电池管理器控制车载充电器吸合,使车载充电器充电回路导通,为动力电池充电

续表

项目	功 能	描 述
3	电流采样	通过霍尔电流传感器采集动力电池正极母线中的电流,为电池管理器提供电流信号
4	高压互锁功能	通过低压信号确认整个高压系统盖子以及高压插接件是否已经完全连续,目前市场上的电动车一般会将其设计为 3 个相互独立的高压互锁系统:驱动系统(串联开盖检测)、充电系统、空调系统

2)高压配电盒的分类

高压配电系统分为分体式高压配电系统(图 1-3)、集成式高压配电系统(图 1-4)和高度集成式高压配电系统(图 1-5)。

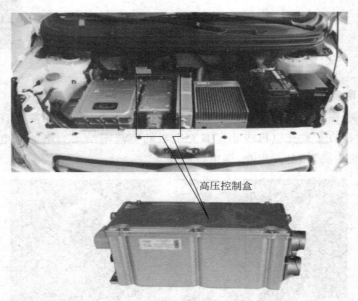

图 1-3　分体式高压配电系统

图 1-4　集成式高压配电系统

图 1-5 高度集成式高压配电系统

在分体式高压配电系统中,车载充电机模块、DC-DC 转换器模块、高压控制盒、电机控制器分别布置在机舱内。

在集成式高压配电系统中,车载充电机模块、DC-DC 转换器模块、高压控制盒集成在一个模块中,被称为 PDU(高压配电盒),而电机控制器单独布置。

在高度集成式高压系统中,车载充电机模块、DC-DC 转换器模块、高压控制盒、电机控制器集成在一个模块中,被称作 PEU(功率集成单元)。

3)高压配电盒的组成

比亚迪 E5
高压电控
总成组成

高压配电盒的组成部件主要是箱体、PTC(positive temperature coefficient)控制面板、高压配电面板、熔断器和接触器等,分别连接快充、动力电池组件、电机控制器、整车控制器和高压辅助插件。图 1-6 所示为比亚迪 E6 高压配电盒结构组成,不同品牌、不同车型的高压配电盒组成略有不同。

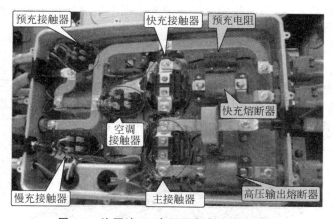

图 1-6 比亚迪 E6 高压配电盒的组成部件

4)高压配电盒的工作原理

当车辆处于不同状态时,高压配电盒内各配电线路起到不同的作用,以下分 4 种状态介绍高压配电盒的工作原理(图 1-7)。

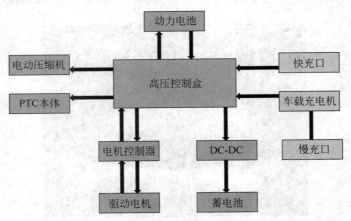

图 1-7　高压配电盒的工作原理

（1）快充状态

将直流充电枪插入快充充电口，电池管理系统与直流充电桩进行信息交互及安全监测，闭合高压配电盒快充继电器以及动力电池继电器，将由直流充电桩转换的高压直流电经高压配电盒存储到动力电池。

（2）慢充状态

将交流充电枪插入慢充充电口后，电池管理系统将动力电池中的继电器闭合，经车载充电机转换的高压直流电经高压控制盒储存到动力电池。

（3）驱动状态

当车辆处于驱动状态时，电池管理系统接收整车控制器的控制信号，将动力电池中储存的电能经高压配电盒分配到电机控制器，通过电机驱动车辆行驶。

（4）能量回收状态

当车辆进行能量回收时，回收的电能通过高压配电盒储存到动力电池中，以增加整车续航里程。

2. 动力电池

动力电池（图 1-8）作为车载电源，靠周期性充电补充电能。动力电池是纯电动汽车的关键装备，其储电能力、质量和体积都能对纯电动汽车的性能起到决定性作用，是发展纯电动汽车的主要研究和开发对象。电池技术是纯电动汽车发展的瓶颈。

图 1-8　动力电池

动力电池是纯电动汽车中的能源供给装置,需要给整车所有系统提供能源,当电量消耗完毕后,可以通过对其进行充电完成储能。在结构上,动力电池由多个电池模组或单体电池串联而成,电压常为 400V 左右,输出电流可高达 300A。

　　目前在纯电动汽车上用得最多的动力电池主要是锂电池,它由若干电池单体串、并联而成,给汽车提供足够的电压和电能,保证汽车能高效、持久的运行。

3. 驱动电机

　　驱动电机(图 1-9)是车辆行驶的主要执行机构,其特性决定了车辆的主要性能指标,直接影响了车辆的动力性、经济性和用户驾乘感受,可向外输出扭矩,驱动汽车前进或后退,同时可以作为发电机发电(例如在高坡下滑、高速滑行以及刹车制动过程中把势能或者动能通过电机转换为电能存储)。其主要技术参数有额定功率、最大功率、调速范围等。

图 1-9　驱动电机

4. 电机控制器

　　电机控制器(图 1-10)有两个功能,一个是根据挡位、加速、制动等指令,将动力电池所输出的直流电转换为驱动电机所需的交流电,以控制车辆的运行速度、爬坡力度等;另一个是通信和保护,实时进行状态和故障检测,保护驱动电机系统和整车安全可靠运行。

5. 车载充电机

　　车载充电机(图 1-11)是将交流电转换为高压直流电为动力电池进行充电的一种设备。车载充电机安装于电动汽车上,通过插头和电缆与交流插座连接,因此也可以称为交流充电机。车载充电机的优点是在蓄电池需要充电的任何时候,只要有可用的供电插座,就可以进行充电;缺点是功率处理能力有限,只能实现小电流慢充电,充电时间通常较长。

图 1-10　电机控制器

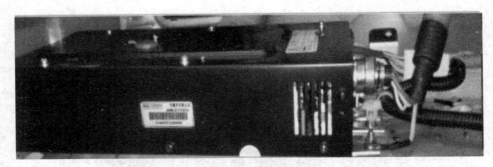

图 1-11　车载充电机

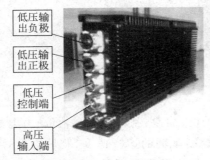

低压输出负极

低压输出正极

低压控制端

高压输入端

图 1-12　DC-DC 转换器

6. DC-DC 转换器

DC-DC 转换器(图 1-12)的主要作用为将动力电池的高压直流电转换为整车低压 12V 直流电,并给整车低压用电系统供电、为低压蓄电池充电。相较于发电机,DC-DC 转换器具有效率高、体积小等特点。

7. 电动压缩机

电动压缩机是纯电动汽车空调系统(图 1-13)的主要组成部分之一。空调系统由纯电动汽车的动力电池提供能源,空调的电动压缩机通过高压电驱动、压缩做功,为新能源汽车制冷、采暖提供动力,相对传统空调系统,其工作效率更高,控制性能更好。

8. PTC 加热器

纯电动汽车一般将正温度系数热敏电阻元件作为发热源,对车内空气与由外部进入车内的新鲜空气进行加热,达到取暖和除湿的目的。此外,当环境温度较低时,可用 PTC 加热器(图 1-14)对动力电池进行预热。

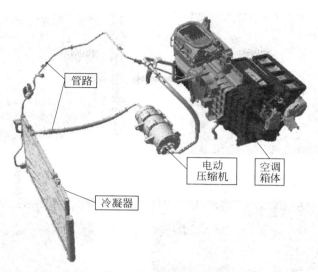

图 1-13　纯电动汽车的空调系统

图 1-14　PTC 加热器

9. 高压维修开关

高压维修开关(图 1-15)可在车辆维修时用来切断动力电池高压输出，为维修人员提供安全的维修环境，起到安全保护的作用。以比亚迪 E6 为例，高压维修开关切断步骤如图 1-16 所示(注意在此之前需要关闭点火开关)。

10. 充电口

纯电动汽车的充电口是指用于连接活动电缆和纯电动汽车的充电部件，充电部件一般由充电插头、充电插座等组成，包括直流充电口(图 1-17)、交流充电口(图 1-18)两种类型。

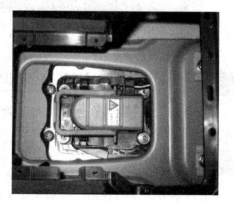

图 1-15　高压维修开关

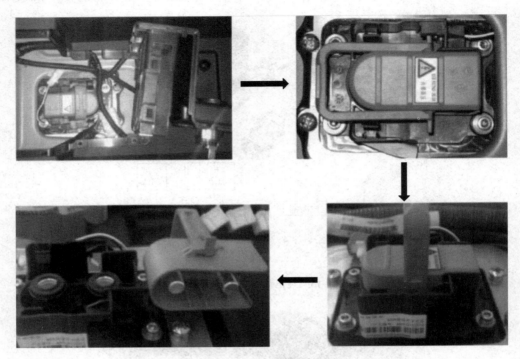

图 1-16　高压维修开关切断步骤

图 1-17　直流充电口

图 1-18　交流充电口

 1.1.3　电动汽车高压部件的分布位置

　　电动汽车高压部件在整车的布置随车型的不同而略有差异,如图 1-19 所示为比亚迪 E6 高压部件的具体位置分布。

回顾与总结

　　通过本节的学习我们已经解决了本项目的第 1 个问题:高压系统包含哪些部件?接下来请同学们完成后续内容的学习,解决下一个问题:意外触电如何紧急处理?

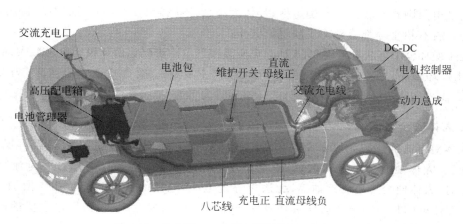

图 1-19　比亚迪 E6 高压部件的具体位置分布

1.2　高压用电安全

电动汽车的维修涉及大量的电气设备,对汽车维修人员来说,必须掌握高压用电基础知识以及触电急救的方法,才能保证维修作业安全、顺利地开展。现在,就让我们一起学习意外触电急救的相关知识。

1.2.1　高压用电的基础知识

1. 人体安全电压

人体安全电压是指不会使人直接致死或致残的电压。人体的安全电压通常被认为是 36V,一般情况下,当人体持续接触到 24V 以上的交流电或 60V 以上的直流电时,就有可能发生触电事故。人体触电并不是人体接触了很高的电压,而是过高的电压通过人体电阻后,会在人体中形成电流,从而导致人体受到伤害。因此,人体触及的带电体电压越高,危险性越大。

2. 人体电阻

人体电阻的大小直接影响人体触电后的受伤程度,电力学中,通常将人体电阻分为内部组织电阻和皮肤电阻两种。

一般来说人体内部组织各部位电阻(图 1-20)相对确定,当人体接触带电体时,人体被当作一个电路元件接入回路,电流接触到真皮里时,一只手臂或一条腿的电阻大约为 500Ω。因此,由一只手臂到另一只手臂或由一条腿到另一条腿的通路相当于一只 1000Ω 的电阻。

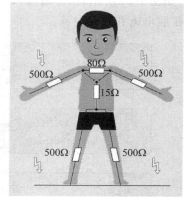

图 1-20　人体内部组织各部位电阻

皮肤电阻则具有较大的不确定性,具体大小受外界影响较大,如皮肤硬度、湿度,甚至环境中是否有粉尘等都会影响皮肤阻值大小。

在干燥环境中皮肤电阻很大,人体总电阻受皮肤电阻影响比内部组织电阻要大得多,因此,在干燥环境中,由于皮肤角质层较为干燥,人体电阻主要由皮肤电阻决定,为 $2k\Omega\sim20M\Omega$。而当环境潮湿或皮肤出汗时,人体电阻约为 $1k\Omega$,皮肤有伤口时,约为 800Ω。

3. 人体安全电流

人体对电流的感知能力如表 1-2 所示,有大约 5mA 的电流通过人体时,就可视作"电气事故"。人体触电会产生麻木感,但是仍可以导走电流;但当体内通过的电流大约为 10mA 时,人体便会开始收缩抽搐,无法再导走电流,电流的滞留时间也相应增加;30～50mA 交流电的长时间滞留会导致呼吸停止以及心室纤维性颤动,当经过人体的电流大约为 80mA 时,则被认为达到了"致命值"。

通过人体的电流越大,人的生理反应越大,破坏心脏正常工作所需的时间越短,致命性就越大。

表 1-2　人体对电流的感知能力

序号	电流/mA	交流电（50Hz）	直　流　电
1	0.6～1.5	手指开始感觉发麻	无感觉
2	2～3	手指感觉强烈发麻	无感觉
3	5～7	手指肌肉感觉痉挛	手指灼热感和刺痛
4	8～10	指关节与手掌感觉疼痛,手已难以脱离电源,但尚且能摆脱	灼热感增加
5	20～25	手指感觉剧痛,迅速麻痹,不能摆脱电源	手部肌肉开始痉挛
6	50～80	呼吸麻痹,心房开始震颤	强烈灼痛,手部肌肉痉挛,呼吸困难
7	90～100	呼吸麻痹,持续 3min 后或更长时间后。心脏停搏或心房停止跳动	呼吸麻痹

1）通过人体电流的类型

如图 1-21 所示,根据通过人体电流的大小、人体呈现的状态,可将电流分为感知电流、摆脱电流和致命电流。

感知电流

引起人感觉的最小电流

通常情况下,感知电流不会对人体造成损伤,但若长时间接触,则可能造成人体伤害

摆脱电流

人触电后能自主摆脱电源的最大电流

电流超过感知电流,且不断增大时,人的刺痛感会加剧,肌肉收缩会增加

致命电流

在较短时间内危及生命的电流

图 1-21　通过人体电流的类型

2）电流对人体造成伤害的影响因子

电流对人体的伤害程度主要与以下 4 个因素有关。

（1）电流大小

人体接触几十微安的电流时，可能毫无感觉，但接触几十毫安的电流时，可能会有生命危险。

（2）电流类型

交流电对人体的伤害比直流电大，例如，当人体接触 100mA 直流电时，有时不会引起特殊的伤害，但接触交流电时，只要有 50mA 的电流通过人体，持续数十秒，就可以引起心室颤动，导致死亡。

（3）电流持续时间

电流持续时间与对人体的伤害程度成正比，电流持续时间越长，对人体的伤害越大，危险性就越大。

（4）电流通过人体的途径

电流通过人体的不同器官，会造成不同的伤害。例如，电流通过头部，会破坏脑神经，使人死亡；通过肺部，会使人呼吸困难；通过心脏，会引起心室颤动或使心脏停止跳动，使人死亡。

 ## 1.2.2 触电方式和触电伤害类型

1. 触电方式

人体的触电方式一般分为直接触电和间接触电两种。

1）直接触电

直接触电是指人体直接接触或过分接近带电体而发生的触电现象，它主要包括单相触电、两相触电。

（1）单相触电是指当人体的某一部位碰到相线或绝缘性能不好的电气设备外壳时，电流由相线经人体流入大地（或中性线）导致的触电现象，绝大多数的触电现象属于这种类型。

（2）两相触电是指当人体的不同部位分别接触到同一电源的两根不同电位的相线时，电流由一根相线经人体流到另一根相线导致的触电现象，这种触电现象也称为双相触电。两相触电要比单相触电严重得多。

2）间接触电

间接触电是指绝缘损坏导致本来不带电的物体带电，因人体接触这些带电体而发生的触电现象，它主要包括跨步电压触电（图 1-22）和悬浮电路触电（图 1-23）。

当高压带电体直接接地或电气设备相线外壳短路接地，人体虽没有接触带电电线或带电设备外壳，但当电流流入地下时，电流在接地点周围土壤中产生电压降，人跨步行走在电位分布曲线范围内而造成的触电称为跨步电压触电，如图 1-22 所示。

图 1-22 跨步电压触电

关于悬浮触电，我们可以通过一个例子解释：交流电通过变压器的一次绕组时，与一次绕组相隔离的二次绕组将产生感生电动势，且与大地处于悬浮状态。这时若人只接触其中一端，不会构成回路，也就不触电。但若人体接触二次绕组的两端时，就会造成触电，称为悬浮电路触电，如图1-23所示。

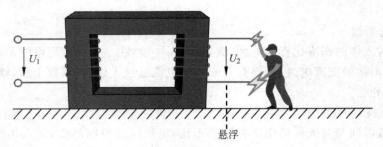

图1-23　悬浮电路触电

一些电子产品的金属底板常常是悬浮电路的公共接地点，维修时若一手触高电位点，另一手触低电位点时，就会造成悬浮电路触电，因此检修时应单手操作。

2. 触电伤害类型

触电伤害类型包括生理性伤害、电伤害、烧伤、化学物质侵害和电磁辐射5种。这里主要介绍电伤害，电伤害是指电流对人体的伤害，主要有电击和电伤两种形式。

（1）电击是指电流通过人体内部器官，破坏心脏、呼吸系统和神经系统等，从而导致人体出现痉挛、窒息、心室颤动、心搏骤停甚至死亡的触电事故。

（2）电伤是指电流直接或间接造成的人体局部表面损伤。

1.2.3　触电急救措施

电池检修中，当发生触电事故后，必须马上进行触电急救，一般情况下，在人体触电后1min内开始救治的，有90%以上的可能救活，而超过12min再开始救治的，基本无救活的可能，因此了解触电急救措施非常必要。

触电急救措施的具体步骤如下。

1. 断开事故电源

可采用拉起高电压安全插头、断开12V蓄电池接线以及拔出维修开关3种方式关闭新能源汽车上的事故电路电源，如果救助人不能在无危险的情况下断开事故电源，则必须采用其他方式。

2. 拉开触电者

拉触电者的时候，可借助绝缘杆或戴上绝缘手套或用干燥衣服、帽子、毛巾把手缠好。把伤者或触电者解救出来以后，要将伤者转移到通风空旷处，大声呼救，并电话求医。

3. 拨打急救电话

将触电者解救出来后应及时拨打急救电话120，向急救服务机构的接线员说明以下信息：事故发生在何处？发生了什么？多少人受伤？事故或受伤类型是什么？

4. 现场急救

松开伤者身上绑紧的衣物，并判断触电者的受伤程度：是否有清醒的意识？是否有呼吸？是否有心跳？

心肺复苏
急救措施

根据伤者的情况进行后续安排，如状态良好可继续观察；如遇到事故人失去知觉且不再呼吸，则必须立即进行心肺复苏操作。心肺复苏操作包括胸外心脏按压及人工呼吸，且必须持续执行，直至遇事故人恢复呼吸能力或急救人员到达。

胸外心脏按压（图1-24）步骤如下。

图1-24 胸外心脏按压

（1）确保触电者仰卧于硬质地面或木板上，使其头、颈、躯干平直无扭曲，再解开其衣领和腰带，使其头部后仰、气道开放。

（2）抢救者跪于触电者一侧或跨跪在其腰部两侧，将左手掌根放在触电者胸部正中、两乳头连线水平即胸骨下半部位置，将右手掌根放在左手手背上，右手手指交错扣住左手，左手手指翘起。

（3）抢救者身体稍向前倾斜，使肩膀位于手的正上方，两臂伸直，垂直向下均匀用力按压，使触电者的胸部下陷5～6cm，心脏受压排血，然后迅速放松手掌，连续按压30次，使血液流回心脏，对成人的按压频率应保持在100～120次/min。

人工呼吸的步骤如下。

（1）观察口腔，如有异物应先清除。

（2）开放气道，采用仰头举颌法打开气道，使伤者下颌角与耳垂连线与平卧面呈90°，可在颈部用枕头或衣物垫起。

（3）用拇指与食指捏紧其鼻翼，深吸一口气并用双唇包住触电者的口部（条件允许可垫上透气隔绝物品），快而深地向其口内吹气，持续约1min，并观察其胸廓有无上抬下陷活动。

（4）一次吹气完成后，脱离触电者之口，同时松开紧捏鼻翼的手，慢慢抬头再吸一口气，准备下一次口对口人工呼吸，吹气两次后继续进行胸外心脏按压。

16

以 30：2 的按压/吹气比例，进行 5 组心肺复苏，5 组后，重新检查呼吸和脉搏，检查时间约 10s。如患者心搏和自主呼吸仍未恢复，继续重复心肺复苏。如患者心搏和自主呼吸已恢复，应将其翻转为复原体位，随时观察生命体征。

回顾与总结

通过本节的学习，我们解决了本项目的第 2 个问题：意外触电如何紧急处理？接下来请同学们完成后续内容的学习，解决下一个问题：高压系统的安全操作需要哪些工具？

1.3 高压安全工具认识及使用

1.3.1 认识和使用高压防护用具

在对高压系统进行维修时，必须佩戴好高压防护用具，以降低对维修人员的触电伤害，防止触电的高压防护用具主要包括绝缘手套、安全帽、护目镜、绝缘鞋等。接下来，我们一起学习如何使用这些高压防护用具。

高压操作
安全工具
认识与
使用

新能源汽
车高压操
作安全
防护

1. 绝缘手套

绝缘手套（图 1-25）又称高压绝缘手套，它是在进行高压部件维修作业时，必须佩戴的安全用具。

它一般由天然或合成橡胶制成，可以防止维修人员因手部直接接触带电体而遭到电击，起到对手部进行绝缘防护的作用。

绝缘手套可以使人的两手与带电体绝缘，是用特种的橡胶或乳胶制成的，根据国家标准《带电作业用绝缘手套》（GB/T 17622—2008），按绝缘等级对其进行分类，可大致将其分为 0～4 级，其分类标准如表 1-3 所示。目前新能源汽车维修中使用较多的高压维修手套有 12kV 和 5kV 两种，这两种手套在 1kV 以下直流电气设备上使用时可以作为基本安全用具看待。一般而言，手套绝缘程度越高，材质越硬越厚实，操作越不方便。

图 1-25 绝缘手套

表 1-3 绝缘手套分类标准

级别	名称	最大使用电压 AC/V	交流试验						直流试验	
			验证试验电压 /kV	最低耐受电压 /kV	验证电压下泄漏电流/mA				验证试验电压 /kV	最低耐受电压 /kV
					手套长度/mm					
					280	360	410	>460		
0	5kV	380	5	10	12	14	16	18	10	20
1	10kV	3000	10	20	—	16	18	20	20	40

级别	名称	最大使用电压 AC/V	交流试验						直流试验	
			验证试验电压 /kV	最低耐受电压 /kV	验证电压下泄漏电流/mA				验证试验电压 /kV	最低耐受电压 /kV
					手套长度/mm					
					280	360	410	＞460		
2	20kV	10000	20	30	—	18	20	22	30	60
3	30kV	20000	30	40	—	20	22	24	40	70
4	40kV	35000	40	50	—		24	26	60	90

绝缘手套检查的方法为:拉直开口,将其边卷 2～3 次,折叠开口以密闭手套,确认没有漏气;在检查过程中要稍微挤压手套并用耳朵靠近听一下有无漏气声音。注意在检查漏气过程中,避免往手套里面吹气,这样会影响手套的绝缘性。

2. 绝缘鞋

在新能源汽车高压部件维修作业中,可能会引发触电危险,绝缘鞋(图 1-26)的作用便是在高压操作时使人体与地面之间保持绝缘,防止电流通过人体与大地构成回路,对人体造成伤害。因此,在进行维修作业时,必须要穿好绝缘鞋。根据国家标准《足部防护　安全鞋》(GB 21148—2020),绝缘鞋电绝缘性能要求如表 1-4 所示。

图 1-26　绝缘鞋

表 1-4　绝缘鞋电绝缘性能要求

要　　求	I 类				II 类					
	皮鞋		布面胶鞋							
测试电压(工频)/kV	6	5	15	6	10	15	20	25	30	35
泄漏电流/mA	≤1.8	≤1.5	≤4.5	≤2.4	≤4	≤6	≤8	≤9	≤10	≤14

3. 护目镜

护目镜(图 1-27)是一种起特殊作用的眼镜,其作用主要是防护眼睛和面部免受紫外线、红外线和微波等电磁波的辐射,粉尘、烟尘、金属和砂石碎屑以及化学溶液溅射的损伤,作为汽车检修人员,我们主要需要防护的是电池电解液飞溅及高压部件产生的电火花对眼睛造成伤害。

4. 安全帽

安全帽(图 1-28)是指对人体头部受坠落物或小型飞溅物体等其他特定因素引起的伤害起防护作用的帽子。根据国家标准《头部防护　安全帽选用规范》(GB/T 30041—2013),新能源汽车维修人员可以选用玻璃钢、聚碳酸酯塑料、聚乙烯塑料、高分子聚乙烯塑料及聚氯乙烯塑料等材质的安全帽。

图 1-27　护目镜

图 1-28　安全帽

 ## 1.3.2　认识和使用常用检修工具

因为高压电的存在,在进行电动汽车维修作业时,除了需要传统的检修工具外,还需要专用的防电击检修工具,如绝缘工具、数字万用表和数字绝缘检测仪等。接下来我们一起认识这些工具。

1. 绝缘工具

绝缘工具(图 1-29)是指采用绝缘材料进行加工并适用于电气系统拆装等操作的手工工具。其样式跟常用维修工具套装基本相同,一般可在额定电压 AC 1000V 和 DC 1500V 的带电或近电工件、器件上进行维修作业。

需要注意的是电车所涉及高压部件的拆装必须使用绝缘工具。

图 1-29　绝缘工具

2. 数字万用表

数字万用表(图 1-30)一般以测量电压、电流和电阻为主要目的,是一种多功能、多量程的测量仪表,一般数字万用表可测量直流电流、直流电压、交流电流、交流电压、电阻的数值和二极管等器件的导通性。

3. 数字绝缘检测仪

数字绝缘检测仪(图1-31)是一种由电池供电的绝缘测试仪,它可以测试交流/直流电压、绝缘电阻等。

数字绝缘检测仪主要由 LED 显示屏、旋转开关、按钮和电阻测试按钮、输入口等组成。现在,我们以优利德 UT500 为例说明数字绝缘测试仪每个测量孔的作用。

LINE 表示绝缘电阻测试高压输出孔。

V 表示电压测量输入正插孔。

G 表示电压测量输入负插孔。

EARTH 表示绝缘电阻测试取样插孔。

图 1-30　数字万用表

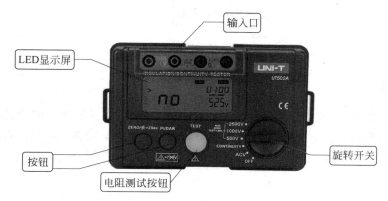

图 1-31　数字绝缘检测仪

了解了绝缘测试仪测量孔的定义,我们已经明白绝缘测试仪除了可以测量绝缘电阻之外还能进行电压测量,进行电压测量时将旋转按钮转至 ACV 挡,直接将电路按正负从 V、G 接入即可。那在进行绝缘电阻的测量时,我们又该如何使用它呢?

首先需要注意的是在测量绝缘电阻时,两支表笔严禁短接,切忌绞放在一起,被测元器件严禁带电测量。

数字绝缘测试仪的使用方法如下。

(1) 根据被测元件的绝缘要求,按下功能旋钮按钮选择释放测试电压 250V/500V/1000V/2500V 中的一挡,电动汽车的元器件测试电压一般不低于 500V。

(2) 在测量绝缘电阻前,待测电路必须完全放电,并且与电源电路完全隔离。将红测试线插入 LINE 输入端口,黑测试线插入 EARTH 输入端口。

(3) 将红、黑鳄鱼夹接入被测电路,正极电压是从 LINE 端输出的。

(4) 功能旋钮选择测试电压 250V/500V/1000V/2500V 其中之一后,按下 TEST 键,此键自锁进行连续测量,输出绝缘电阻测试电压,同时测试灯发出红色警告,在测试完毕以后,按下 TEST 键,解除自锁,停止测量。

放电工装
使用方法
介绍

4. 放电工装

放电工装(图1-32)是一种用于电动汽车下电时,高压系统存在余电或高压系统在放电过程出现故障不能自主放电的情况下对高压系统进行人工放电的设备。

图1-32　放电工装

回顾与总结

通过本节的学习,我们解决了本项目的第3个问题:高压系统的安全操作需要哪些工具?接下来请同学们完成后续内容的学习,解决最后一个问题:如何进行高压系统的安全操作(高压下电)?

1.4　高压安全操作

在对电动汽车进行维修和检测时,为了保证安全,减少由于高压电的危险性而造成的伤害或损失,我们需要对电动汽车的高压系统进行断电处理。本节我们将一起学习高压断电流程。

高压安全
操作

1.4.1　高压操作作业前准备

1. 人员准备

在维修新能源汽车时,需要两个专业人员同时进行操作,可以分工合作或设主要操作人员和监护人员。整个操作必须严格遵守操作规程,安全操作。

其中操作人员和监护人员都应该具有相关的维修技能证书,例如,汽车维修等级证与低压电工证。两位人员必须是具备对纯电动、混合动力汽车实车维修资质的维修作业人员。

监护人的工作职责为监督维修的全过程,对维修人员的监督要点如下。

(1)监督维修人员绝缘工具套装的使用、防护用品佩戴、备件安全保护、维修安全警示牌等是否符合要求。

（2）按照安全维修操作规范指挥维修技师进行操作,并随时对维修过程中的维修操作进行检查。

（3）在作业流程单上记录维修技师的每一步操作。

2. 场地准备

场地准备(图 1-33)主要用于分隔操作区域,避免非操作人员的进入,保障维修工作的正常进行及确保操作安全。在进行高压维修时,一般需在车的四周放置隔离栏、放置安全警示牌、检查灭火器(可用干粉灭火器)是否正常可用并确保绝缘地垫能正常绝缘。

图 1-33 场地准备

3. 工具准备

1）个人安全防护用品

新能源汽车维修人员必须检查并穿戴必要的安全防护用品,如绝缘手套、绝缘鞋、防护眼镜、安全帽等,其防护或耐压等级需符合作业要求。

2）绝缘工具套装

首先,检查绝缘工具箱中的操作工具,确保其无破损;其次,检查数字万用表表笔,对数字万用表进行校零;对数字绝缘检测仪进行开路和短路检查,确保正常可用;最后,需要检查放电工装。

（1）拆装工具检查。清点绝缘工具套装内的工具数目,确保项目使用工具正常可用;要求工具无缺失,绝缘部位无破损、老化、裂纹,扭力扳手检验合格证处于有效期,其他扭力工具扭矩调整灵活准确。

（2）检测设备检查。新能源汽车常用检测设备包括数字万用表、数字绝缘检测仪及放电工装等,在进行作业前必须保证这些工具能正常工作。

4. 车辆准备

（1）登记车辆信息,检查车辆外表状况。

（2）检查汽车周边是否存在安全隐患,检查手刹是否拉好,车辆挡块是否齐备、安装是否稳固有效。

（3）如有需要,检查车辆举升装置是否正常、支撑位置是否处于正确位置。

以上高压作业准备中所涉及的检查项目可参考表 1-5 中的标准进行。

表 1-5　高压作业准备

操　作　步　骤	操　作　项　目	注　意　事　项
步骤一：人员准备	人员准备	1. 操作人员和监护人员应该具有相关的维修技能证书,如汽车维修等级证、低压电工证。 2. 具备对纯电动、混合动力实车维修资质的维修作业人员
步骤二：场地准备	场地绝缘准备	1. 高压动力蓄电池单元修理工位必须洁净、干燥、无油脂、无飞溅火花、工位地面进行绝缘处理。 2. 为了防止其他人员未经授权进入工位以及确保高电压本质安全及出现意外状态,应使用隔离带并竖立警告提示。 3. 检查灭火器是否处于正常使用状态。 4. 检查工位地面绝缘是否良好
	场地设备准备	1. 检查举升器维护保养日期,试运行举升器,检测工作状况。 2. 检查车辆停放位置及举升臂支撑点
步骤三：工具准备	绝缘手套检查	1. 检查绝缘手套标识,确认耐压等级。 2. 检查绝缘手套外观,观察是否有明显磨损、破损痕迹。 3. 检查绝缘手套密封性。 (1) 卷起手套边缘。 (2) 折叠开口,并封住手套开口。 (3) 确认有无空气泄漏。 (4) 同样的方法检查第 2 只手套
	安全帽检查	1. 检查安全帽有无破损、裂纹。 2. 根据自身佩戴尺寸调整安全帽扣带
	护目镜检查	1. 检查护目镜表面有无破损、裂纹、镜面清晰度是否正常。 2. 根据自身佩戴尺寸调整护目镜扣带尺寸
	绝缘鞋检查	1. 检查绝缘鞋标识,确认耐压等级。 2. 检查绝缘鞋有无破损、老化、裂纹
	绝缘服检查	1. 检查绝缘服标识,确认耐压等级。 2. 检查绝缘服有无破损、油污及各扣合位置是否正常可用
	拆装工具检查	1. 清点绝缘工具套装内工具数目,保证项目使用工具正常可用,绝缘部位无破损、老化、裂纹。 2. 扭力扳手检验合格证处于有效期,工具扭矩调整灵活准确
	汽车用数字万用表检查	1. 数字万用表设备及附件配备齐全。 2. 检查数字万用表设备合格证书。 3. 校验数字万用表确认测量有效性
	数字绝缘检测仪	1. 数字绝缘检测设备及附件配备齐全。 2. 校验数字绝缘检测仪确认测量有效性
	放电工装检查	1. 放电工装设备及附件配备齐全。 2. 检查放电工装设备合格证书

续表

操 作 步 骤	操 作 项 目	注 意 事 项
步骤四：车辆准备	车辆检查	1. 检查车辆外观有无划痕、变形、损伤并进行记录。 2. 检查车辆挡块是否齐备，安装是否稳固有效。 3. 检查车辆举升支撑位置是否处于正确位置

1.4.2　高压上、下电流程

1. 高压下电流程

（1）熄火。关闭点火开关，拔下点火钥匙，并安全放置好钥匙，以防其他人员接触而误起动车辆。

（2）车辆防护。放置车辆保护四件套及翼子板套。

（3）断开蓄电池。用专业工具拆下蓄电池负极，并用绝缘胶布包住，做好绝缘保护，等待 5min 或以上，如图 1-34 所示。

图 1-34　断开蓄电池

（4）拆卸维修开关。用常用工具拆下中间护手储物箱，并取出存物箱。戴好防护手套，伸手进入并拆下维护开关（对于部分没有维修开关的车型，可以拆卸动力电池高压母线并做好绝缘防护措施），将维护开关妥善保存并放置好高压断电警示标志，如图 1-35 所示。

图 1-35　拆卸维修开关

（5）验电。用专业高压万用表测量高压电控总成输入端电压,电压为零或接近零,说明下电成功,可以进一步进行操作;如果电压高于人体安全电压一直降不下来说明系统下电不成功,需要进一步对系统进行检查,如图1-36所示。

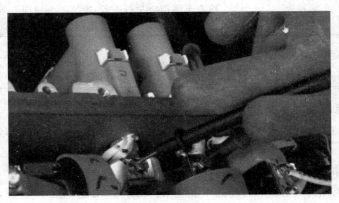

图1-36　验电

比亚迪E5
高压下电

完成以上操作步骤,下电操作就完成了。如要对车辆进一步维修或检测,在下电完成之后就可以进行了。理论上,此时操作动力电池以外的系统就不再需要戴绝缘手套和护具了。

需要注意的是:①对动力电池的拆装和分体过程中仍需要戴上绝缘手套和护具,因为动力电池内部仍存在电压;②为了保证安全,在完成高压下电之前禁止接触、检修高压部分。

2. 高压上电流程

高压系统的上电流程和高压系统的下电流程刚好是反向操作。操作步骤如下。

（1）安装维护开关。首先,收好高压断电指示牌;然后,把维护开关从工具箱里取出,把维护开关安装到开关座上,并锁上安全扣。

（2）装上储物箱,上好储物箱锁紧螺栓。

（3）装上蓄电池负极,并拧紧锁紧螺栓。

（4）打开点火开关,起动车辆,检查车辆能否正常上电,如果能正常上电,说明高压系统上电正常;如果车辆不能正常上电,那么就要检修整个高压系统或高压控制系统,直至车辆能正常上电。

对于没有维护开关的部分车型,安装维护开关的步骤可更改为安装动力电池高压母线:把之前用绝缘胶布包好的高压母线的正负极线拆下,并分别安装到动力电池的输出端口。安装时要注意要把正负极端口的保险扣扣好。

回顾与总结

通过本节的学习,我们解决了本项目的第4个问题:如何进行高压系统的安全操作（高压下电）?

接下来同学们就可以利用自己所学的知识完成情景导入中的任务了:执行高压系统

中止工作,完成高压下电,祝同学们实践顺利。

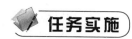

1. 小组协作

请同学们按表1-6的提示,根据各自专长进行分工,相互协作完成工作任务。

表1-6　小组分工表

组　名	成　员　名	专　长	期望成长点
		动手操作	
		理解思考	
		文献阅读	
		数据处理	
		拍摄记录	
		统筹安排	

2. 操作考核

1) 任务描述

(1) 一辆新能源汽车发生故障,需要进行高压系统电路检修,在检修之前,必须执行高压断电流程,并完成高压断电确认;正确操作举升机;断掉高压总正、总负、总线线束;对动力蓄电池进行电压检测。

(2) 考试计时开始后,考生才可进行操作,按考题要求完成工作任务,并将考试相应内容记录在工单上,任务完成整理场地后结束考试。

2) 实施条件

(1) 工位要求。

① 每个场地要求配备1～2个工位。

② 每个工位配备分类回收垃圾桶。

(2) 工量具、仪器设备及材料清单如表1-7所示。

电动汽车
高压断电
流程实操

表1-7　工量具、仪器设备及材料清单

序号	名　称	备　注
1	绝缘工具车	1辆
2	数字万用表	1块
3	北汽新能源汽车(EU260)	1台
4	防护设备	1套
5	举升机	1台
6	电胶布	1卷
7	工单	学生填写检测数据

3) 考核时限

考核时限:45分钟。

4）实操评分标准

"电动汽车高压断电流程"实操评分标准如表1-8所示。

表1-8 "电动汽车高压断电流程"实操评分标准

序号	考核项目	配分	扣分标准（每项累计扣分不超过配分）
1	安全文明否决		造成人身、设备损伤等重大事故，或恶意顶撞考官、严重扰乱考场秩序，立即终止考试，此题计0分
2	安全文明生产	5分	（1）不穿工作服扣1分，不穿工作鞋扣1分、不戴工作帽扣1分。 （2）不服从考官、出言不逊，每次扣2分
3	维修作业前现场环境检查	15分	（1）不检查绝缘垫的每次扣3分。 （2）不设立隔离柱的每次扣2分。 （3）不布置警戒线的每次扣5分。 （4）不张贴警示牌的每次扣5分
4	维修作业前防护用具检查	8分	（1）不检查护目镜扣2分，不戴护目镜扣2分。 （2）不检查绝缘手套扣3分，不戴绝缘手套扣3分。 （3）不检查安全帽扣2分，不戴安全帽扣2分。 （4）不检查绝鞋扣2分，不穿绝缘鞋扣2分
5	维修作业前仪表工具检查	12分	（1）没检查万用表每次扣6分。 （2）没检查绝缘工具箱的每次扣6分
6	维修作业前实施车辆防护	10分	（1）没铺设翼子板防护垫的每次扣5分。 （2）没放汽车维修三件套脚垫每次扣5分
7	维修作业实施	25分	（1）未正确使用举升机的每次扣5分。 （2）未正确操作高压总正、高压总负、总线插件解锁的每次扣5分。 （3）未用数字万用表测量动力电池电压的扣10分。 （4）未用电胶布对动力蓄电池总正、总负包扎的扣5分
8	填写工单	20分	对每一项内容进行填写，少填一项扣2分
9	6S管理	5分	（1）没能将工具、量具归位，每样扣1分。 （2）没打扫卫生扣3分
合计		100分	

5）操作工单

"电动汽车高压断电流程"操作工单如表1-9所示。

表1-9 "电动汽车高压断电流程"操作工单

一、准备工作

项 目	情 况 记 录
（1）工量具设备准备	
（2）测量仪器的准备	
（3）实训车辆准备	
（4）维修手册准备	

二、操作过程

将挡杆置于P挡位置；拉起驻车制动器；关闭点火开关并拔出钥匙；断开蓄电池负极。举升车辆，找到高压总正、总负、通信总线，并且旋下束线；用数字万用表测量高压总正、总负之间的电压值；检测完毕用绝缘电胶布对动力蓄电池高压总正、总负进行包扎

高压安全场地的围护	1. 检查并安放安全警示牌。 2. 检查并放置绝缘垫和车辆挡块。 3. 检查灭火器压力值（水基、干粉）
维修手册的识读	查阅相关资料该车没有专用的维修开关，需要举升车辆拔下动力电池出来的3根线束，分别是高压总正、高压总负、通信总线
高压安全防护设备的穿戴及汽车防护	1. 检查并佩戴护目镜。 护目镜镜面有无划花：　□有　　　□无 护目镜镜架螺丝是否松动：　□是　　　□否 护目镜镜架有无断裂：　□有　　　□无 2. 检查并佩戴安全帽。 安全帽有无针眼、砂孔、裂纹、断裂：　□有　　　□无 耐压值：_____ V 3. 检查并佩戴绝缘手套。 绝缘手套有无针眼、砂孔、裂纹、断裂：　□有　　　□无 绝缘手套有无粘连：　□有　　　□无 绝缘手套有无漏气：　□有　　　□无 耐压值：_____ V 4. 检查并穿戴绝缘鞋。 绝缘鞋有无开裂、断裂、脱胶：　□有　　　□无 耐压值：_____ V
作业准备——检查工具套装	检查数字万用表能否正常使用，对数字万用表进行校零； 此数字万用表能否正常使用？（能/否）　□能　　　□否 进行数字绝缘测试仪开路及短路检查； 此兆欧表能否正常使用？（能/否）　□能　　　□否 进行车身四点检测绝缘垫绝缘性； 左前：　　　　　　右前： 左后：　　　　　　右后：
作业准备 车辆防护	安装车内三件套（座椅套、方向盘套和地板垫） 安装车外三件套（安装翼子板布和前格栅布）
关闭点火开关，钥匙	点火开关：□Start　□On　　□Acc　□Lock
安全存放	钥匙安全存放：维修柜　　□实操人员保管
绝缘处理	1. 断开低压蓄电池负极，负极桩绝缘处理低压蓄电池负极套上电极盖。 2. 所有充电口用黄黑胶带封闭
高压断电，举升车辆旋下高压总正、总负、通信线	将车开到举升机工位，将车辆举升，穿戴好防护服饰，对动力电池高压总正、总负进行拆卸
验电	用数字万用表红表笔测量总正、黑表笔测量总负，结果为_____ V，用绝缘电胶布对动力电池高压总正、总负进行包扎
6S管理	1. 回收工具。 2. 做好6S管理

3. 评价总结

请参照表1-10对本次任务实施活动自己的综合表现进行最终评分。

表1-10 任务实施最终评分表

要 求		分值	自评（20%）	互评（30%）	教师评价（50%）
综合素质	思维能力：能够从不同的角度提出问题，并考虑解决问题的方法	5分			
	自学能力：能够通过自己已有的知识经验独立地获取新的知识信息	5分			
	创新能力：能够跳出固有的课内外知识，提出自己的见解、培养自己的创新性	15分			
	表达能力：能够正确地组织和表达自己的意见与看法	15分			
	合作能力：能够与小组成员团结合作、友好沟通，共同完成任务	5分			
	学习方法：能够根据本任务调整自己的学习方法与思路	5分			
职业技能	课内实操：能够按照标准流程完成本任务的操作考核	40分			
	课外实操：能够参考维修手册完成教师指定或客户提供的另一款车型的下电和上电操作	10分			

最终得分：

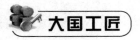

吃苦耐劳、工匠精神

——"最美职工"王学勇

5月22日晚上，安徽工匠2021年度人物揭晓。

聚光灯下，瘦瘦高高的王学勇显得有些局促。在奇瑞汽车股份有限公司工作19年，这段时间，骤然增多的来访媒体，让他平静的生活起了些波澜。

作家格拉德威尔曾写道："1万小时的锤炼是任何人从平凡变成世界级大师的必要条件。"他将此称为"一万小时定律"。在王学勇看来，"自己无非就是干得多了，在日复一日的积累中增长了经验。"

在2003年时，王学勇的师父，奇瑞另一位全国五一劳动奖章获得者许小飞也不过24岁。在他的记忆里，挑选王学勇进装调小组，有一定的机缘巧合，"那个时候公司装调组急缺人，我去地盘工段调人，一眼就觉得这个小伙子很有精气神。干这行，耐得下性子是很重要的。"

2011年,在全国第三届汽车装调工职业技能竞赛上获得SUV·MPV组别的个人竞赛一等奖,并获得"技术操作能手"称号,这是王学勇拿到的第一个重量级奖项。

之后,和不断提升的技能素质一同而来的是一项项荣誉:"省学术和技术带头人后备人选""江淮杰出工匠""安徽工匠""省战略性新兴产业技术领军人才""省技能大奖"……

为了培养"大国工匠",奇瑞一直注重技能人才成长环境的营造,在公司内建立了"传帮带"机制,开辟了高素质劳动者和技术技能人才的绿色通道。王学勇先后带徒37人,徒弟齐金华荣获"安徽省劳动模范"、郑昆龙荣获"安徽省青年岗位能手"、王浩荣获"芜湖市五一劳动奖章"等荣誉称号。

"我希望能和我的工作室团队一起,成为中国最好的汽车产业工人,让中国自主品牌汽车的口碑越来越响!"在王学勇看来,一辈子扎根一个行业,踏踏实实把这一行干好、干精,这就是对"工匠精神"的最好诠释。

资料来源:赵家慧.【全国最美职工】王学勇:匠心19年,做脚踏实地的"汽车人"[R/OL].(2022-05-24)[2024-11-15].http://www.cnr.cn/ah/tp/20220524/t20220524_525835498.shtml.

项目测验

一、单选题(每题3分,共54分)

1. 目前国标对安全电压的规定是( )以下。
   A. 直流60V,交流36V
   B. 直流36V,交流25V
   C. 直流60V,交流25V
   D. 直流30V,交流60V

2. 电动汽车维修人员应取得应急管理部门颁发的( )。
   A.《特种作业操作证》(高压电工作业)
   B.《特种作业操作证》(低压电工作业)
   C. 高级维修技师技能等级证
   D. 汽车维修上岗证

3. 电工在测量低压交流电机的电流时,所使用的仪表是( )。
   A. 交流钳形电流表
   B. 数字万用表
   C. 兆欧表
   D. 电压表

4. 当电压高到一定值以后,会有相应的电流流过人体。当大约( )mA的交流电通过人体时,会产生肌肉收缩和疼痛感。
   A. 1
   B. 5~10
   C. 80
   D. 100

5. 触电后,人体的血液和细胞液成为电解液并被电解,结果会发生严重的中毒,称为( )。
   A. 电击效应
   B. 热效应
   C. 化学效应
   D. 物理效应

6. 根据存在的时间分类,新能源汽车高电压系统的高电压主要存在的形式是( )。
   A. 持续存在
   B. 运行期间存在
   C. 充电期间存在
   D. 以上都是

7. 以下会造成动力电池过温的是( )。
   A. 过充电
   B. 过放电
   C. 过电流
   D. 以上都是

8. 以下不属于电动汽车安全防护装备的是(　　)。

    A. 绝缘手套   B. 护目镜

    C. 绝缘安全鞋   D. 绝缘测试仪

9. 以下属于电动汽车维修操作人员工作内容的是(　　)。

    A. 在维修工位设置高压警告标识

    B. 检查并按正确要求穿戴个人安全防护装备

    C. 执行高压中止与检验

    D. 以上都是

10. 以下不属于电动汽车维修监护人员监护内容的是(　　)。

    A. 进行高电压切断时,监护所有操作人员的活动范围

    B. 及时提出纠正操作人员的违规行为

    C. 任何情况下不允许参与施工操作

    D. 因故离开工作现场时,必须另指派了解有关安全措施的人员接替监护

11. 涉及高压系统维修作业时必须遵守以下安全防护规定(　　)。

    A. 穿戴个人安全防护装备   B. 断开高压电路

    C. 遮盖或阻隔相邻的带电部件   D. 以上都是

12. 纯电动汽车手动维修开关所处的位置一般是在(　　)。

    A. 前机舱   B. 后备厢

    C. 中央扶手箱下部   D. 仪表板下方

13. 如果进行新能源汽车以下(　　)操作时,要求进行高压中止与检验。

    A. 保养或维修车辆高电压系统

    B. 进行救援或事故修复工作

    C. 其他可能接触到高电压,但不需要运行高压系统的操作

    D. 以上都是

14. 纯电动汽车事故车辆泄漏的不明液体时,液体不可能是(　　)。

    A. 防冻液   B. 齿轮油   C. 发动机润滑油   D. 电解液

15. 如果电动汽车低压蓄电池完全亏电后,故障现象可能是(　　)。

    A. 组合仪表黑屏   B. 控制模块不能工作

    C. 灯光不亮,喇叭不响   D. 以上都可能

16. 丰田混合动力汽车发生低压电源亏电时,以下不能采用的应急起动方法是(　　)。

    A. 用充电机缓慢充电

    B. 直接跨接 12V 低压蓄电池

    C. 跨接机舱内专用的起动端子

    D. 跨接动力电池,利用高压电池向低压电池充电

17. 高压配电盒简称是(　　)。

    A. PTC   B. PDU   C. GCU   D. PEU

18. 电气线路发生火警时处理措施不包括(　　)。

A. 尽快切断电源　　　　　　　　　B. 迅速有序撤离至安全场所

C. 使用水或泡沫灭火器灭火　　　　D. 使用二氧化碳或干粉灭火器灭火

 二、多选题(每题 8 分，共 16 分)

1. 三电系统零件包括(　　　)。

A. 电驱系统　　　　B. 电控系统　　　　C. 电源系统　　　　D. 高压附件

2. 高压线束装配注意事项包括(　　　)。

A. 高压线束破损、进水等现象，不能直接装车

B. 高压线束护套插接前，不能取下防护包装

C. 装配过程中轻拿轻放，不允许拖拽高压线束

D. 高线线束的插针偏斜时，可使用金属丝等工具处理后继续装配

E. 高压连接器在对插时，需注意防错卡位，不可以强行对插

 三、判断题(每题 5 分，共 15 分)

1. 电流对人体的伤害有三种形式：电击、电伤和电磁场伤害，以及电击带来的二次伤害。(　　　)

2. 新能源汽车的动力电池一般安装在车辆的底部和后部。(　　　)

3. 绝缘测试实际上是测量电压。(　　　)

 四、简答题(15 分)

请列举汽车的高压部件及作用。

项目 2

动 力 电 池

◎ **情景导入**

任务引入：北汽 EU260 仪表绝缘故障灯被点亮,连接故障诊断仪显示故障码为 POAA61A(绝缘电阻低),根据提示可能是本车高压部件或高压回路绝缘出现了问题,如果你是维修技师,你将如何检查本车的动力电池绝缘性能呢？在学习过程中,我们又该如何对动力电池进行全面的拆卸检查呢？

引导问题：电动汽车电池的高压电会泄漏吗？如何对电动汽车动力电池进行全面的拆卸检查？

问题分析：要完成以上任务我们必须掌握以下内容。

(1) 什么是动力电池？它与普通蓄电池有什么区别？

(2) 单体动力电池的结构和工作原理是怎样的？

(3) 整个动力电池包的结构和工作原理是怎样的？我们该如何安全拆解？

接下来我们就通过知识储备完成以上 3 项内容的学习。

◎ **学习目标**

知识目标：

(1) 了解动力电池的作用、类型及性能参数。

(2) 了解单体电池的结构及工作原理。

(3) 掌握动力电池包的结构及工作原理。

能力目标：

(1) 能说出单体电池的工作原理。

(2) 能使用高压安全工具拆装动力电池。

(3) 能对动力电池包进行简单的常规检查。

素质目标：

增强学生的安全质量意识和责任心,激发学生爱国情怀。

 2.1　动力电池认知

动力电池又称动力蓄电池、高压电池包，国家标准《电动汽车术语》(GB/T 19596—2017)中对动力蓄电池的定义：为电动汽车动力系统提供能量的蓄电池。

电池、电机和电控系统是新能源汽车的三大关键组成部分。其中动力电池是最关键的一环，可以说动力电池是新能源汽车的"心脏"。那么，新能源汽车动力电池的类型有哪些？动力电池性能可以用哪些参数衡量呢？

本节就从动力电池的作用及类型、动力电池的性能参数两方面认识动力电池。

动力电池
认知

 2.1.1　动力电池的作用及类型

1. 作用

动力电池(图 2-1)的作用是接收和储存由车载充电机、发电机、制动能量回收装置或外置充电装置提供的高压直流电，并且为电动汽车提供高压直流电。

图 2-1　动力电池

2. 分类

新能源汽车上所使用的动力电池种类繁多，外形差别较大。按反应原理可将其分为化学电池、物理电池、生物电池。

（1）化学电池是指利用物质的化学反应产生电能的电池，如铅酸蓄电池、镍镉蓄电池、镍氢蓄电池、锂离子蓄电池(图 2-2)等。

（2）物理电池是指利用光、热、物理吸附等物理能量发电的电池，如太阳能电池、超级电容器、飞轮电池(图 2-3)等。

（3）生物电池是指利用生物化学反应发电的电池，如微生物电池、酶电池、生物太阳电池等，此类电池目前应用较少。

按电池工作性质和使用特征的不同，又可将动力电池分为一次电池、二

超级电容
器的结构
与原理

飞轮电池
的结构及
原理

图 2-2　锂离子蓄电池

图 2-3　飞轮电池（保时捷 911）

次电池、储备电池和燃料电池等。其中储备电池和燃料电池属于特殊的一次电池。

（1）一次电池是指使用一次后就被废弃的电池，不能再充电，也称原电池，如锰锌干电池、银锌扣式电池、锂原电池等。

（2）二次电池又名蓄电池，是指放电后可用充电的方法使活性物质复原，从而可以再次放电，且可反复多次循环使用的电池。如铅酸蓄电池、镍镉蓄电池、镍氢蓄电池、锂离子蓄电池、锌空气蓄电池等。

（3）储备电池也称激活电池，是指电池正、负极活性物质和电解液不直接接触，使用前临时注入电解液或用其他方法进行激活的电池。如镁银电池、钙热电池、铅高氯酸电池。

燃料电池
的结构与
原理

（4）燃料电池又称连续电池，是指只要活性物质连续地注入电池，就能长期不断地进行放电的一类电池。它的特点是电池自身只是一个载体，可以把燃料电池看成是一种需要电能时将反应物从外部送入的一种电池，如氢燃料电池。

2.1.2 动力电池的性能参数

1. 电压

电压是指蓄电池正极与负极之间的电位差,单位一般为 V。电压是表征蓄电池性能的重要参数之一,包括电动势、额定电压、开路电压、工作电压、放电终止电压、充电终止电压等,由于大家对电动势及额定电压比较熟悉,在此不再过多介绍。

(1)开路电压是指蓄电池在开路条件下的端电压,即电池没有负载状态下的电压值。不同单体电池的开路电压不一样,例如铅酸蓄电池为 2.1V,镍氢蓄电池为 1.2V。而工作电压是指动力电池接上负载后处于放电状态下的电压。

(2)放电终止电压是指电池放电时,电压下降到不宜再继续放电的最低工作电压值。充电终止电压是指蓄电池达到完全充电状态时的电压,到达终止电压后若仍继续充电,即为过充电,一般对电池性能和寿命有损害。

2. 电池容量

电池容量(图 2-4)是指蓄电池在允许放电范围内所能输出的电量,单位为 A·h 或 mA·h(毫安时)。

$$电池容量(A·h) = 电流(A) × 放电时间(h)$$

车内蓄电池标注16A·h,那么在工作时电流为1A时,理论上可以使用16h

图 2-4　电池容量

3. 电池能量

电池能量(图 2-5)是指电池储存的能量,表示蓄电池的供电能力,是反应蓄电池综合性能的重要参数,能量的单位为 W·h(瓦时)或者 kW·h(千瓦时)。

$$能量(W·h) = 电压(V) × 电池容量(A·h)$$

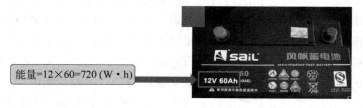

能量=12×60=720(W·h)

图 2-5　电池能量

4. 能量密度

能量密度(图 2-6)分为体积能量密度[单位为(W·h)/L]和质量能量密度[单位为(W·h)/kg],分别表示单位体积或单位质量电池在一定条件下所能释放的能量,其所表示的内涵可以通过图 2-6 解读。

体积能量密度[(W·h)/L]	质量能量密度[(W·h)/kg]
体积能量密度越高，同等续航下，电动汽车的内部空间越大。	质量能量密度越高，同等续航下，电动汽车的重量越轻。

图 2-6　能量密度

5. 功率密度

将能量除以时间，便得到功率，单位为 W 或 kW。同理，功率密度是指单位质量或单位体积电池输出的功率，单位为 W/kg 或 W/L。功率密度有时也称为比功率。

比功率是评价电池是否满足电动汽车加速性能的重要指标。那么，大家知道比能量和比功率究竟有什么区别吗？

举个形象的例子：比能量高的动力电池就像龟兔赛跑里的乌龟，耐力好，可以长时间工作，保证汽车续航里程；而比功率高的动力电池就像龟兔赛跑里的兔子，速度快，可以提供很高的瞬间电流，保证汽车爬坡和加速性能。

图 2-7　荷电状态

6. 荷电状态

荷电状态（图 2-7）简称为 SOC，也叫剩余电量，代表的是电池放电后剩余容量与其完全充电状态的容量的比值，此参数与电池的充放电历史和充放电电流大小有关。其取值范围为 0～100%。

当 SOC＝0 时，表示电池放电完全；当 SOC＝100% 时，表示电池完全充满。

电池管理系统（BMS）主要通过管理 SOC 并进行估算来保证电池高效工作，所以荷电状态是电池管理的核心。

7. 内阻

内阻是指电流通过电池内部时受到的阻力，该阻力使电池的工作电压降低，称为电池内阻，电池内阻不是常数，它包括欧姆内阻和电极在化学反应时所表现出的极化内阻。欧姆内阻主要是由电极材料、电解液、隔膜的内阻及各部分零件的接触电阻组成。它与电池的尺寸、结构、电极的成形方式以及装配的松紧度有关；极化内阻是正极与负极由于电化学极化和浓差极化所引起的电阻之和，与活性物质的本性、电极结构、电池制造工艺有关，尤其是与电池的工作条件密切相关，随放电率、温度等条件的改变而改变。

蓄电池的内阻直接影响着蓄电池的工作电压、输出电流、输出能量和功率等。内阻越小，蓄电池的充放电性能就越好。

8. 自放电

电池自放电是指在开路静置过程中电压自动下降的现象，又称电池的荷电保持能力。

一般而言，电池自放电程度大小主要受制造工艺、材料、储存条件的影响，我们可以用自放电率对自放电程度进行衡量。自放电率是电池在存放时间内,在没有负荷的条件下自身放电,使得电池的容量损失的速度。自放电率采用单位时间(月或年)内电池容量下降的百分数表示。

9. 循环寿命

蓄电池的工作是一个不断充电、放电的循环过程。

循环寿命是指在一定的充放电次数下,电池容量降低到某一规定值之前电池能经受充电与放电的次数。充电一次,放电一次称为一次循环。

循环寿命是评价电池寿命性能的一项重要指标。

10. 一致性

电池的一致性是指同一规格、同一型号的单体电池组成电池组后,在电压、内阻及其变化率、荷电状态、容量、充电接受能力、循环寿命、温度影响、自放电率等参数方面存在的差别。

动力电池性能参数是我们在对电池进行选择、使用时的重要依据,决定了不同电池的使用场景,因此大家一定要掌握它。

回顾与总结

通过本节的学习,我们已经解决了本项目的第 1 个问题:什么是动力电池?它与普通蓄电池有什么区别?接下来请同学们完成后续内容的学习,解决下一个问题:单体动力电池的结构和工作原理是怎样的?

2.2 单体电池的结构与工作原理

新能源汽车使用的动力电池主要有铅酸蓄电池、镍氢蓄电池、锂离子蓄电池等。这些电池内部是如何工作的呢?它们各自都有哪些优缺点呢?在选用不同的电池时我们需要关注哪些问题?本节学习铅酸蓄电池、镍氢蓄电池以及锂离子蓄电池的结构及原理。

2.2.1 铅酸蓄电池

1. 铅酸蓄电池的结构

以酸性水溶液作为电解质的蓄电池称为酸蓄电池,若酸蓄电池的电极以铅及其氧化物作为材料则被称为铅酸蓄电池(图 2-8)。在所有电池中铅酸蓄电池是应用历史最长、技术最成熟、成本售价最低廉的蓄电池,国内外的第一代新能源汽车广泛使用了铅酸蓄电池。

铅酸蓄电池的结构与原理

铅酸蓄电池整体由隔板、极板、电解液及外壳等组成,每个单格电池的电压大约为 2.1V,在新能源汽车上,我们通常用联条将各单个蓄电池串联起来得到一个电池模组,再将电池模组串、并联成动力电池包。

图 2-8　铅酸蓄电池

2. 铅酸蓄电池的工作原理

单格电池正极板上的活性物质是二氧化铅（PbO_2），负极板上是海绵状的纯铅（Pb），电解液是硫酸水溶液（H_2SO_4）。

铅酸蓄电池的放电过程（图 2-9）为二氧化铅与纯铅在硫酸水溶液发生化学反应，生成硫酸铅和水，在这个过程中硫酸溶液会逐渐变稀，密度逐渐下降，直到电解液密度降到最小许可值，单格电池电压降到放电终止电压，放电结束。铅酸蓄电池的充电过程（图 2-10）则与此相反。

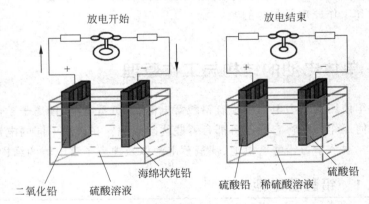

图 2-9　铅酸蓄电池的放电过程

负极反应：$\qquad Pb - 2e^- + SO_4^{2-} = PbSO_4$

正极反应：$\qquad PbO_2 + 2e^- + SO_4^{2-} + 4H^+ = PbSO_4 + 2H_2O$

总反应：$\qquad Pb + PbO_2 + 2H_2SO_4 = 2PbSO_4 + 2H_2O$

阴极反应：$\qquad PbSO_4 + 2e^- = Pb + SO_4^2$

阳极反应：$\qquad PbSO_4 - 2e^- + 2H_2O = PbO_2 + 4H^+ + SO_4^2$

总反应：$\qquad 2PbSO_4 + 2H_2O = Pb + PbO_2 + 2H_2SO_4$

理论上放电过程可以进行到极板上的活性物质被耗尽为止，但由于生成的 $PbSO_4$ 沉附于极板表面，阻碍电解液向活性物质内层渗透，使得内层活性物质因缺少电解液而不能

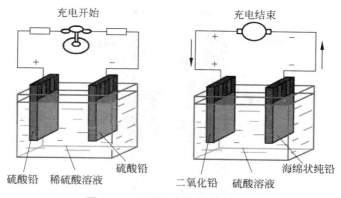

图 2-10　铅酸蓄电池的充电过程

参加反应。采用薄型极板,增加极板的多孔性,可以提高活性物质的利用率,增大蓄电池的容量。

　　新能源汽车使用的蓄电池一般为牵引铅酸蓄电池,型号为 12V—40A·h。其中,12V 为标称电压,40A·h 为标称容量。

3. 铅酸蓄电池的优缺点

　　铅酸蓄电池的优点:与其他动力电池相比,铅酸蓄电池具有性能可靠、技术成熟、价格便宜、大功率、电压平稳、安全性好、维护简便或者免维护、适用范围广、原材料丰富、自放电低、回收技术成熟等优点。

　　铅酸蓄电池的缺点:能量密度低、循环寿命短、质量大、过充过放性能差且不符合环保与高效的要求,因此现在很少采用铅酸蓄电池作为电动汽车的动力电池。

 ## 2.2.2　镍氢蓄电池

1. 镍氢蓄电池的结构

　　镍氢蓄电池(图 2-11)是在 Ni-Cd(镍镉)蓄电池的基础上发展起来的,它的电解液多采用氢氧化钾(KOH)水溶液,正极材料是氧化氢氧化镍,负极则是金属氢化物,即储氢合金。镍氢蓄电池是一种性能良好的蓄电池。它的电量储备比镍镉蓄电池多 30%,比镍镉电池更轻,使用寿命也更长。

镍氢蓄电池的结构与原理

　　镍氢蓄电池根据形状可分为方形镍氢蓄电池和圆形镍氢蓄电池,一般是由储氢合金为主要材料的负极板、保液能力和良好透气性的隔膜、氧化氢氧化镍的正极、碱性电解液、金属壳体、自动密封的安全阀等部件构成。

2. 镍氢蓄电池的工作原理

　　镍氢蓄电池的工作原理如图 2-12 所示。

　　放电过程中,正极上 $NiOOH$(氢氧化氧镍)得到电子还原成为 $Ni(OH)_2$(氢氧化镍);负极金属氢化物内部的氢原子扩散到表面形成吸附态氢原子,接着发生电化学反应生成水和储氢合金。

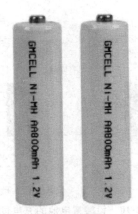

图 2-11 镍氢蓄电池

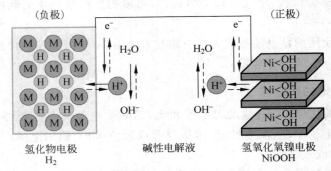

图 2-12 镍氢蓄电池的工作原理

正极反应：　　　　$NiOOH + H_2O + e^- \Longrightarrow Ni(OH)_2 + OH^-$

负极反应：　　　　$MH + OH^- \Longrightarrow M + H_2O + e^-$

总反应：　　　　　$MH + NiOOH \Longrightarrow M + Ni(OH)_2$

充电过程中，水在电解质溶液中分解为氢离子和氢氧离子，氢离子被阴极吸收，阴极从金属转化为金属氢化物。

阳极反应：　　　　$Ni(OH)_2 + OH^- \Longrightarrow NiOOH + H_2O + e^-$

阴极反应：　　　　$M + H_2O + e^- \Longrightarrow MH + OH^-$

总反应：　　　　　$M + Ni(OH)_2 \Longrightarrow MH + NiOOH$

其中，M 代表贮氢合金金属材料。

3. 镍氢蓄电池的优缺点

镍氢蓄电池的优点：功率性能好，导电性能良好，可以适应大功率放电，采用无机电解液体系，低温性能相比锂系列电池要好。

镍氢蓄电池的缺点：充电过程中容易发热，电池比能量较低，一般在 50～70(W·h)/kg。自放电率大，镍氢蓄电池中使用了大量较贵重的金属，如镍、钴等，因此电池原材料成本较高。

2.2.3 锂离子蓄电池

锂离子蓄电池依靠锂离子在电极之间移动而产生电能,这种电能的存储和释放是通过正极活性物质中放出的锂离子向负极活性物质中移动完成的,并不伴随化学反应,因此锂离子电池比传统的二次电池具有更长的寿命。

1. 锂离子蓄电池的结构

主流锂离子蓄电池外形(图 2-13)按照封装形式可分为圆柱形、方形和软包 3 种形式。不同的封装结构意味着不同的特性,至于在电池核心材料上,它们之间的区别不大。无论是哪种锂电池,其本质上的结构都是大同小异的,均由正极、负极、隔膜和电解液、电池外壳、保护阀等组成。下面我们进一步了解以下 3 种封装形式的锂离子蓄电池的结构特点。

锂离子蓄
电池的基
本结构

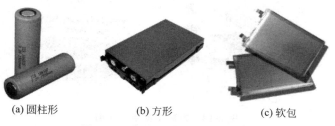

(a) 圆柱形　　　　(b) 方形　　　　(c) 软包

图 2-13　主流锂离子蓄电池外形

(1) 圆柱形锂离子蓄电池早期外壳材料主要以钢壳为多,现阶段以铝壳为主。圆柱形锂离子蓄电池采用成熟的卷绕工艺,自动化程度高,产品品质稳定,成本相对低。其主要结构由外壳、盖帽、正极极片、负极极片、隔膜及电解液等组成。一般电池外壳为电池的负极,盖帽为电池的正极,盖帽上通常会集成 PTC 元件和保护阀等,通过断路和泄压防护来防止电池滥用和爆炸产生的危害。

(2) 方形锂离子蓄电池通常采用铝壳或钢壳,方形电池的普及率在国内很高,国内动力电池厂商多采用电池能量密度较高的铝壳方形电池,方形电池有采用叠片和卷绕两种不同的工艺。其主要结构包括顶盖、外壳、正极极片、负极极片、隔膜、电解液等。顶盖和壳体通过激光焊接组成一个密封的整体。

(3) 软包锂离子蓄电池所用的关键材料,如正极材料、负极材料及隔膜与传统的钢壳、铝壳锂离子蓄电池之间的区别不大,最大的不同之处在于软包装材料(铝塑复合膜)。该电池的软包装材料通常分为 3 层:外层为尼龙层(ON 层)、中间为铝箔层(Al 层)、内层为热封层(CPP 或 PP)。层与层之间通过胶黏剂进行压合粘接。软包电池重量相对轻,内阻小、循环性能好,设计比较灵活,外形可变任意形状。

对于锂离子蓄电池,正极材料成本占整个电池成本的 40% 以上,且在当前的技术条件下,锂离子蓄电池的能量密度主要取决于正极材料。因此,根据正极材料的不同,也可以将锂离子蓄电池分为钴酸锂蓄电池、锰酸锂蓄电池、三元锂蓄电池以及碳酸铁锂蓄电池。

2. 锂离子蓄电池的工作原理

锂离子蓄电池充放电时,主要依靠锂离子在正极和负极之间移动来工作。正极材料一般为三元材料、磷酸铁锂等可逆脱嵌锂离子化合物,负极一般为能嵌入锂离子的碳素材料,电解质为有机锂盐($LiPF_6$ 和 $LiAsF_6$)溶液。在充放电过程中,Li^+ 在两个电极之间往返嵌入和脱嵌。锂离子蓄电池充电(图 2-14)时,锂离子从正极材料的晶格中脱出,通过电解质溶液和隔膜嵌入负极中,负极处于富锂状态,同时电子的补偿电荷从外电路供给负极,保持负极的电平衡。锂离子蓄电池放电(图 2-15)时则相反。锂离子从负极中脱出,通过电解质溶液和隔膜嵌入正极材料晶格中。在整个充放电过程中,锂离子往返于正、负极之间。

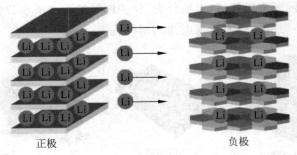

图 2-14　锂离子蓄电池充电

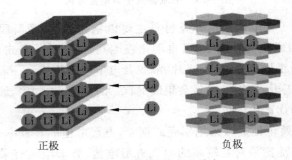

图 2-15　锂离子蓄电池放电

锂离子蓄
电池的工
作原理

由于正常充放电情况下,锂离子在层状结构的碳材料和层状结构氧化物的层间嵌入和脱出,一般只引起层面间距的变化,不破坏晶体结构;在放电过程中,负极材料的化学结构基本不变。因此,从充放电的可逆性看,锂离子蓄电池反应是一种理想的可逆反应。

3. 锂离子蓄电池的优缺点

锂离子蓄电池的优点:工作电压、能量密度高,锂离子蓄电池的能量密度已达到 90~260(W・h)/kg,是传统镍镉电池的 2 倍、镍氢蓄电池的 1.5 倍。此外,它还有循环寿命长、自放电率低、无记忆性、可实现快速充电、对环境无污染、能够制造成任意形状的优点。

锂离子蓄电池的缺点：成本高，因为正极材料钴的价格高，但按单位能量（W·h）价格来计算，锂离子蓄电池较镍氢蓄电池低，与镍镉电池持平，但高于铅酸蓄电池。由于锂离子蓄电池电解质提纯困难，且电池单体需要过充电保护、过放电保护等保护电路，因此，电池模组需要与电池管理系统配套使用。

电动汽车上应用较多的动力电池其实是三元锂蓄电池和磷酸铁锂蓄电池。三元锂蓄电池是指正极材料使用镍钴锰酸锂三元正极材料的锂离子蓄电池。它具有能量密度大、单体电压高、循环使用寿命高、热稳定性好等优点。但它也具有容易热解的特性，因此在应用过程中应对其加强过充电保护、过放电保护、过温保护和过电流保护。

特斯拉、一汽大众、广汽埃安、北汽新能源、长城欧拉等多家品牌旗下的纯电动汽车都采用了三元锂蓄电池。

磷酸铁锂蓄电池是指用磷酸铁锂作为正极材料的锂离子蓄电池。它具有循环寿命可在 800 次以上、使用安全、可大电流快速放电、热稳定性好、高温性能好等优点。但低温性能差是其致命的缺点，无法满足冬天使用的需求。

目前市场上，国内生产的特斯拉标准续航版 Model 3、Model Y 纯电动汽车均已使用磷酸铁锂蓄电池，比亚迪刀片电池也采用了磷酸铁锂蓄电池。

回顾与总结

通过本节的学习，我们已经解决了本项目的第 2 个问题：单体动力电池的结构和工作原理是怎样的？接下来请同学们完成后续内容的学习，解决下一个问题：整个动力电池包的结构和工作原理是怎样的？我们该如何安全拆解？

 ## 2.3 动力电池包的结构与工作原理

在前面的学习中，我们对单体电池已经有了一定的了解，在电动汽车的实际应用中电池并不会以单体的形式出现，而是会被联结成电池包的形式为汽车提供动力，那动力电池包（图 2-16）的结构是怎样的呢？它包含哪些部件呢？

图 2-16 动力电池包

44

本节将从动力电池包结构、动力电池包工作原理、动力电池包的拆装 3 个方面展开学习。

动力电池包的设计是从整车系统的需求出发,根据车速、加速时间、整车质量、满载质量、最大爬坡度、迎风面积、续驶里程、车辆风阻等设计数据及动力影响参数,从而计算出电机驱动力矩和额定功率与最大功率,然后从电机功率需求推算出动力电池的最大功率以及容量,进而选择电芯材料、规格,并联电芯数及串联电池组数,最后根据车辆的结构尺寸、安全需求、性能需求,完成结构、功能和接口设置。

动力电池包的结构通常包括电池组、电池管理相关传感器、高压连接件、低压连接件、接触器、维修开关、热管理装置、电池箱体等。

荣威 E550
动力电池
组成

动力电池
组的组成

2.3.1　动力电池包结构

1. 单体电池、电池模块和电池模组

1）单体电池

单体电池(图 2-17)是指直接将化学能转化为电能的基本装置和基本单元,是构成电池的基本元件。

2）电池模块

电池模块(图 2-18)是将一个以上的电池单体并联或串联在一起,封装在一个物理上独立的电池壳体内,并配备独立的正极和负极输出端口。

图 2-17　单体电池　　　　　　　图 2-18　电池模块

3）电池模组

电池模组(图 2-19)是由多块电池模块通过串联或并联构成的一个存储电能或对外输出电能的部件。

2. 电池管理相关传感器

在新能源汽车的动力电池包上主要应用的传感器(图 2-20)有电流传感器、温湿度传感器、电压传感器等。用于采集电池电流、电压、温湿度等数据,从而提升电池管理系统对电池工况的掌握。

3. 高压连接件

动力电池包内的高压连接件(图 2-21)主要是用于实现电池系统与外部系统高压输出

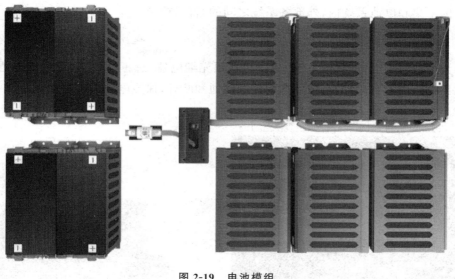

图 2-19　电池模组

电流传感器　　　　　温湿度传感器

电压传感器

图 2-20　电池包上主要应用的传感器

或输入的安全连接,一般用橙色线,起到安全提示的作用,在学习或拆卸中禁止徒手触摸电池包内的橙色连接部件。

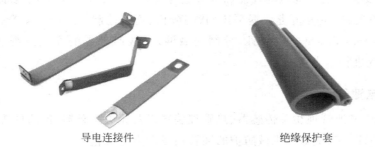

导电连接件　　　　　　　　　　绝缘保护套

图 2-21　动力电池包内的高压连接件

4. 低压连接件

动力电池包内的低压连接件(图 2-22)主要用于收集各项电池工况数据,实现电池内部数据的采集和电池系统内、外部各系统之间的通信、控制。

5. 继电器

动力电池包的继电器(图 2-23)主要包括预充继电器、总正继电器、总负继电器,用于实现电池系统内的自动控制,控制各回路的接通和断开,保障电池系统的安全。

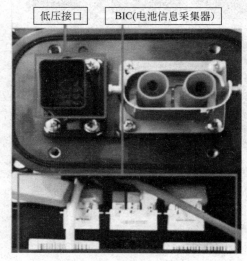

图 2-22 动力电池包内的低压连接件

图 2-23 动力电池包的继电器

6. 维修开关

维修开关前面已经多次提及,它主要用于断开电池系统的主回路,保证维修过程的安全。

7. 电池管理装置

电池管理装置(图 2-24)是电池保护和管理的核心部件,它不仅要保证电池安全可靠地使用,并且要充分发挥电池的性能和延长电池的使用寿命。在动力电池系统中,它的作用相当于人的大脑,主要负责数据采集、状态分析、均衡控制、热管理、安全保护等。它可以通过 CAN(control area network,控制局域网)总线与外界的充电系统和整车控制器(VCU)等系统进行信息交换。

8. 动力电池箱

将电池组、电池管理相关传感器、热管理装置以及相关接触器、接插件等装载于一体,同时为其内的部件提供基本机械防护的装置便是动力电池箱。

动力电池箱是电池模块的承载件,是支撑、固定、包围电池系统的组件,包含上盖、下托盘和辅助装置(如过渡件、护板和螺栓等),主要用于保护动力蓄电池,避免在受到外界碰撞、挤压时发生损坏。动力电池箱在动力蓄电池的安全工作方面起着重要作用。

图 2-24　电池管理装置

 ### 2.3.2　动力电池包工作原理

动力电池包的主要工作由动力电池管理系统控制完成,动力电池管理系统主要有硬件和软件两部分,它的工作原理可简单归纳为:数据采集电路采集电池状态数据后,由电子控制单元(ECU)进行数据处理和分析,然后电池管理系统根据分析结果对系统内的相关功能模块发出控制指令,并向 VCU 传递参数信息。

1. 动力电池数据采集

动力电池管理系统主要通过电流传感器、电压传感器、温度传感器、湿度传感器等传感元件实时采集动力电池组中每块电池的端电压和温度、充放电电流及电池包总电压、荷电状态、绝缘状态等信息。

2. 动力电池信息处理分析

电池管理系统(BMS)中的微型计算机对从各传感器及 VCU 传输回来的信息加以分析处理,再根据处理结果对外输出控制指令或信息,下面介绍电池管理系统主要分析处理的信息。

电池管理系统认知

1) 电池状态分析

BMS 能够准确地对电池的荷电状态(SOC)和电池健康状态(SOH)两个方面进行估算。SOC 估算的目的是对动力蓄电池的剩余电量进行判断,并将车辆的剩余续驶里程通过组合仪表显示的方式告知驾驶员,以便驾驶员安排行程、及时为车辆充电。同时,SOC估算也可为充放电控制乃至整车控制提供数据支持。

在充放电控制方面,SOC 作为重要参数,是 BMS 进行充放电调节和保护动作的主要依据。在充电过程中,当 SOC 过低,则需要进行限流充电,直至达到正常范围才可放开限制。在放电过程中,当 SOC 已经较低但仍在放电终止阈值以上时,一般会限制动力蓄电池的输出功率,防止因大电流对动力蓄电池电量的快速消耗而导致停车,并且使车辆以相对节能的方式运行,从而延长车辆的续驶里程。

总之,BMS 通过随时预报电动汽车储能电池的 SOC,使电池的 SOC 值控制在 30%～70%的工作范围内,让驾驶人获得直接的信息,清楚剩余的电量对续航里程的影响。

48

SOH是衡量电池性能衰减程度的一个重要指标,通常用来描述电池当前的健康状况和性能。SOH以百分比表示,其中100%的SOH意味着电池的性能与刚出厂时完全相同。

$$SOH = \frac{当前性能}{初始性能} \times 100\%$$

式中,当前性能是指电池在当前状态下的能力,可能涉及电池的容量、输出功率等因素;初始性能是指电池在出厂时的原始性能状态。

随着时间的推移和电池使用次数的增加,电池的容量和性能通常会逐步下降。这种下降反映在SOH的逐渐降低上。管理和监测电池的SOH对于确保电池的有效运行和及时更换至关重要,特别是在对电池依赖较大的应用中,如电动汽车、移动设备等。

2）均衡控制

受到生产制造和工作环境的影响,单体电池之间在电压、容量和内阻等性质上会有所差别,导致它们在实际使用过程中有效容量和充放电电量是不一样的。

为保证动力电池系统的整体性能和延长电池包使用寿命,减少单体电池之间的差异性,对电池进行均衡控制十分必要。

均衡控制包括主动均衡(图2-25)和被动均衡(图2-26),两者都是调节电池之间电量和剩余容量的一种方式。

（1）主动均衡是通过将能量高的单体电池中的能量转移到能量低的单体电池上或用整组能量补充到能量最低的单体电池上,以达到能量均衡的目的,其优点是转换效率高,缺点是结构复杂、成本高。

（2）被动均衡则是通过在每一个单体电池并联一个电阻分流的方式,将容量大的电池中多余的能量消耗掉,实现整组电池电压的均衡,其优点是成本低、技术难度不高、较容易实现,缺点是将电能转化为热能消耗掉,造成了部分能量浪费。

目前大多数车型都采用被动均衡控制,但是由于电池单体的容量越来越大,均衡电阻比较小,因此被动均衡控制的均衡能力很有限。某些BMS干脆不进行均衡控制,而是要求车主定期去4S店对动力蓄电池进行均衡处理,如果不一致严重,则直接更换电池单体或电池模组。这样既可靠,又可以减少了BMS的设计制造成本。

3）热管理控制

锂离子蓄电池适宜的工作温度为15～35℃,而纯电动汽车的实际工作温度为-30～50℃,再加上车辆空间有限,电池工作中产生的热量累积,会造成各处温度不均匀从而影响电池单体的一致性,降低电池充放电循环效率。因此为了使电池组发挥最佳的性能和寿命,需要对电池进行热管理,均衡电池温度,在低温时对其进行加热,高温时对其进行冷却,以充分发挥动力电池的最佳性能。

4）安全保护

安全保护主要有过充过放保护、过电流保护、过温保护、绝缘监控。

BMS通过传感器对采集的电流、电压、温度以及绝缘信息进行监测,一旦出现异常状态,如绝缘性能下降、电流过大、电芯电压过高或过低、内部温度过高等状况,BMS会立即控制继电器切断动力电池的充放电过程。

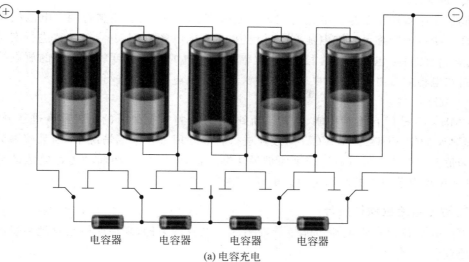

(a) 电容充电

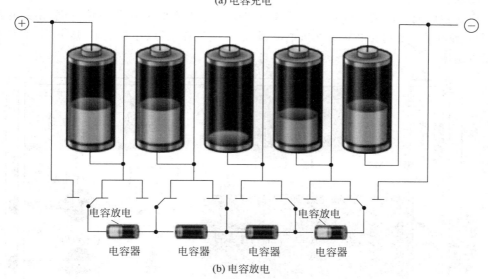

(b) 电容放电

图 2-25 主动均衡

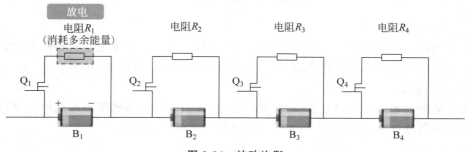

图 2-26 被动均衡

5）能量管理

能量控制管理主要包括电池的充电控制管理、电池的放电控制管理。电池的充电控制管理是指电池管理系统在电池充电过程中，对充电电压、充电电流等参数进行实时优化控制。优化的目标包括充电时长、充电效率以及充电的饱满程度等。电池的放电控制管理是指在电池的放电过程中，根据电池的状态对放电电流大小进行控制。

6）故障检测

BMS 具有故障自诊断功能，当其诊断到故障后，将根据故障的危害程度进行分级，并通过 CAN 通知 VCU，再由 VCU 对故障进行有效处理。在极端情况下，当某些参数超过安全阈值时，BMS 也可以通过安全保护模块断开高压接触器，切断动力蓄电池的高压输出，以避免动力蓄电池的高压电对人员和车辆造成伤害。

3. 动力电池包动作执行

下面我们仅以动力电池包能量管理中的上电管理为例，来说明电池管理系统的控制执行原理。

电池包的充放电模块（图 2-27）安装在动力蓄电池系统的正负极输出端，由总正继电器、总负继电器、预充继电器等高压继电器，以及电流传感器、预充电阻、熔断器、高低压连接线等组成。

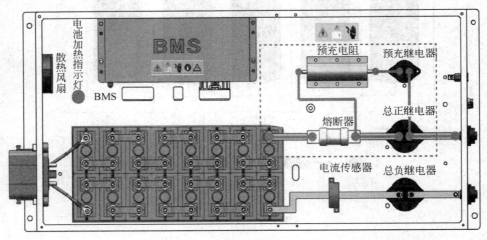

图 2-27　电池包的充放电模块

1）主正电路

主正电路主要由熔断器、高压导线和总正继电器组成，总正继电器的通断由接收电池管理系统信号的低压电路控制，它能保证动力电池的高压正常输入、输出。

2）主负电路

主负电路主要由总负继电器、高压导线组成，总负继电器的通断由接受电池管理系统信号的低压电路控制，它能保证动力电池的高压正常输入、输出。

3）预充电路

在高电压上电过程中，需对整个高压回路容性负载进行电路防瞬态冲击保护，统称预充电保护。预充电路主要由预充继电器和预充电阻组成。其中,预充继电器负责预充电保护回路的通断,继电器的通断由 BMS 控制。

预充电路的工作原理如下。

由于电动汽车动力电源回路中存在容性负载,当把高压系统简化成为一个由电阻和电容组成的模型,则在接通电路的瞬间,电容的电阻为零,相当于短路,高压系统会产生一个几千安的瞬态大电流。

如果不采取有效的防护措施,这种瞬态冲击电流将会对整个动力电源回路及用电设备造成很大的损伤,因此需要在供电回路加入预充电电路(图 2-28),对容性器件进行预充电,避免产生瞬态冲击电流。

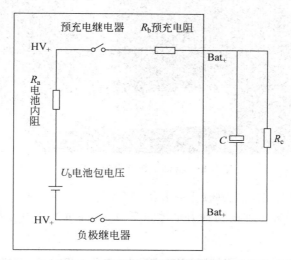

图 2-28　预充电电路

当电动汽车需要上电时,VCU 发出信号唤醒 BMS,BMS 自检、初始化,并将结果上报 VCU,动力电源回路将根据指令进入预充过程。

VCU 经过 BMS 发出电流给总负继电器,总负继电器触点闭合,与拥有较大阻抗的预充继电器和预充电阻 R 构成预充电回路先接通。此时电流会通过预充继电器,由预充电阻来降低电流,从而完成对电容的预充。当电容将要充满电时,其电压会提升至接近电池电压(差距小于 10%),BMS 再发出信号闭合主正继电器,切断预充继电器,完成上电过程。

2.3.3　动力电池包的拆装

下面以北汽 EU260 为例说明动力电池包的拆卸步骤。

在拆卸前请务必注意:

(1)准备拆动力电池前应完成高压系统下电工作,因北汽 EU260 未设专用维修开关,我们在操作前可通过关闭点火开关、拆下低压蓄电池负极来保证安全。

(2)为防止意外,车辆举升到需要的高度时,举升机要锁止安全锁。

(3)务必要将电池举升车上升到接触电池包底部的位置再进行拆卸工作。

1. 高压操作准备

按 1.4.1 小节所要求的"高压操作作业前准备"来准备相关工具,并准备好电池举升车、车辆举升机等专用工具。

2. 电池包拆卸

(1) 拆卸低压蓄电池负极(图 2-29)。将车辆放于举升机位置,关闭点火,开关置 OFF 挡并同时拆下低压蓄电池负极。

图 2-29　拆卸低压蓄电池负极

(2) 将车辆举升至一定高度并锁止举升机安全锁。

(3) 将动力电池举升车推放到动力电池正下方,升高电池举升车平板与电池包底部接触(图 2-30)。

图 2-30　举升车平板与电池包底部接触

(4) 移动锁止机构接触点(图 2-31)。用撬棍把电池锁止机构接触点向车身尾部方向移动。

(5) 移动电池包(图 2-32)。左右两侧电池锁解除后,用撬棍将电池包整体向车身尾部移动至支架开口处。

(6) 缓慢下降电池举升车,降到需要的高度后将电池举升车推出。

图 2-31　移动锁止机构接触点

图 2-32　移动电池包

3. 动力电池包安装

按与拆装相反的顺序安装电池包，注意电池包安装到位，一定要确认快换锁机构落锁到位。

回顾与总结

通过本节的学习，我们解决了本项目的第 3 个问题：整个动力电池包的结构和工作原理是怎样的？我们该如何安全拆解？

接下来同学们就可以利用自己所学的知识完成情景导入中动力电池绝缘性能检查及动力电池拆卸检查了，祝同学们实践顺利。

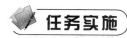 **任务实施**

1. 小组协作

请同学们按表 2-1 的提示，根据各自专长进行分工，相互协作完成工作任务。

表 2-1　小组分工表

组　名	成　员　名	专　长	期望成长点
		动手操作	
		理解思考	
		文献阅读	
		数据处理	
		拍摄记录	
		统筹安排	

2. 操作考核

1）任务描述

使用数字绝缘电阻测试仪检测动力电池绝缘电阻。

动力电池
绝缘检测

2）实施条件

（1）工位要求。

① 每个场地要求配备 1 个工位。

② 每个工位配备常用工具车 1 个，零件车 1 个。

③ 每个工位配备分类回收垃圾桶。

（2）工量具、仪器设备及材料清单（每个工位须配备），如表 2-2 所示。

表 2-2　工量具、仪器设备及材料清单

序号	名　　称	备　　注
1	动力电池台架或纯电动车整车	
2	工具车	配备专用绝缘工具
3	数字绝缘测试仪、数字万用表	2 个
4	车内外三件套	1 套
5	维修手册	1 套
6	绝缘垫、安全帽、绝缘手套、护目镜、绝缘鞋	拆装、检查用
7	工单	学生填写维修数据
8	扫帚、拖把、灭火器、安全警示牌	清洁场地，安全设备

3）考核时限

考核时限：45 分钟。

4）实操评分标准

"动力电池绝缘检测"实操评分标准如表 2-3 所示。

表 2-3　"动力电池绝缘检测"实操评分标准

序号	考核项目	配分	扣分标准（每项累计扣分不超过配分）
1	安全文明否决		造成人身、设备重大事故（如未断高压母线开始工作），或恶意顶撞考官、严重扰乱考场秩序，立即终止考试，此题计 0 分

序号	考 核 项 目	配分	扣分标准（每项累计扣分不超过配分）
2	安全文明生产	20分	（1）操作前不检查设备、工具、量具、零件（含被考官提醒），每次扣 3 分。 （2）工量具与零件混放，或摆放凌乱，每次每处扣 1 分。 （3）工量具或零件随意摆放在地上，每次扣 1 分。 （4）工具洒落在地面或零部件表面未及时清理，每次扣 1 分。 （5）竣工后未清理工量具，每件扣 1 分。 （6）竣工后未清理考核场地，扣 2 分。 （7）不服从考官、出言不逊，每次扣 5 分
3	工量具准备	5分	（1）工量具每少准备 1 件扣 1 分。 （2）工量具选择不当，每次扣 2 分。 （3）未铺车内外三件套和车轮挡块扣 2 分
4	维修手册检阅	10分	（1）不能正确检阅维修手册扣 5 分。 （2）不能正确读电路简图扣 5 分
5	高压安全防护设备的穿戴	10分	（1）不检查护目镜扣 2 分，不戴护目镜扣 2 分。 （2）不检查绝缘手套扣 3 分，不戴绝缘手套扣 3 分。 （3）不检查安全帽扣 2 分，不戴安全帽扣 2 分。 （4）不检查绝缘鞋扣 2 分，不穿绝缘鞋扣 2 分
6	数字万用表的使用	5分	（1）没做开路检查扣 2 分。 （2）没做短路检查扣 3 分
7	确认高压回路切断	20分	（1）未佩戴绝缘手套扣 2 分。 （2）未断开蓄电池负极扣 3 分。 （3）未断开直流母线扣 5 分。 （4）未等待 5 分钟扣 5 分。 （5）未用数字万用表检测高压电压的扣 5 分
8	检测动力电池供电绝缘电阻	25分	（1）未正确将高压绝缘检测仪测量调至 1000V 扣 5 分。 （2）未正确用高压绝缘检测仪测量动力电池正极高压线线束连接器端子与车身接地之间的电阻扣 10 分。 （3）未正确用高压绝缘检测仪测量动力电池负极高压线线束连接器端子与车身接地之间的电阻扣 10 分
9	工单填写	5分	（1）工单填写字迹潦草扣 2 分。 （2）填写不完整，每项扣 1 分
	合　　计	100分	

5）操作工单

"动力电池绝缘检测"操作工单如表 2-4 所示。

表 2-4　"动力电池绝缘检测"操作工单

车型	
一、准备工作	

项　　目	情　况　记　录
（1）工量具设备准备	
（2）测量仪器的准备	

续表

项　　目	情　况　记　录
（3）电动总成实训台架	
（4）维修手册准备	

二、操作过程要求：会正确识读汽车维修手册；会正确使用数字万用表；能对动力电池绝缘检查

高压安全场地的围护	1. 检查并安放安全警示牌。
	2. 检查并放置绝缘垫
高压安全防护设备的穿戴	1. 检查并佩戴护目镜。 护目镜镜面有无划花：　□有　　□无 护目镜镜架螺丝是否松动：　□是　　□否 护目镜镜架有无断裂：　□有　　□无 2. 检查并佩戴穿绝缘手套。 绝缘手套有无针眼、砂孔、裂纹、断裂：　□有　　□无 绝缘手套有无粘连：　□有　　□无 绝缘手套有无漏气：　□有　　□无 耐压值：_____ V 3. 检查并佩戴安全帽。 安全帽有无针眼、砂孔、裂纹、断裂：　□有　　□无 4. 检查并穿戴绝缘鞋。 绝缘鞋有无开裂、断裂、脱胶：　□有　　□无 耐压值：_____ V
数字万用表的使用	1. 选用合适的数字万用表。 2. 外观检查、表笔检查。 3. 平放兆欧表，做开路和短路检查。 4. 此兆欧表能否正常使用
确认高压回路切断	1. 操作起动开关使电源模式至 OFF 状态。 2. 断开蓄电池负极电缆。 3. 断开直流母线。 4. 断开动力电池高压线线束器。 5. 等待 5min。 6. 用数字万用表检测高压端子 1 与端子 2 之间的电压。 注意：端子 1 与端子 2 距离较近，严禁数字万用表针头短接和触碰任何非目标测量金属部件，并佩戴绝缘手套。 标准电压：小于或等于 5V
检测动力电池供电绝缘电阻	1. 操作起动开关使电源模式至 OFF 状态。 2. 断开蓄电池负极电缆。 3. 断开直流母线。 4. 拆卸动力电池高压线线束连接器。 5. 将高压绝缘检测仪的挡位调至 1000V。 6. 用高压绝缘检测仪测量动力电池高压线线束连接器 1 号端子与车身接地之间的电阻为_____ Ω。 标准电阻：大于或等于 20MΩ。

		7. 用高压绝缘检测仪测量动力电池高压线线束连接器 2 号端子与车身接地之间的电阻为_____Ω。
检测动力电池供电绝缘电阻		标准电阻：大于或等于 20MΩ。
		8. 确认测量值是否符合标准

3. 评价总结

请参照表 2-5 对本次任务实施活动自己的综合表现进行最终评分。

表 2-5　任务实施最终评分表

要　　求			分值	自评（20%）	互评（30%）	教师评价（50%）
综合素质	思维能力	能够从不同的角度提出问题，并考虑解决问题的方法	5 分			
	自学能力	能够通过自己已有的知识经验独立地获取新的知识信息	5 分			
	创新能力	能够跳出固有的课内外知识，提出自己的见解、培养自己的创新性	15 分			
	表达能力	能够正确地组织和表达自己的意见与看法	15 分			
	合作能力	能够与小组成员团结合作、友好沟通，共同完成任务	5 分			
	学习方法	能够根据本任务调整自己的学习方法与思路	5 分			
职业技能	课内实操	能够按照标准流程完成本任务的操作考核	40 分			
	课外实操	能够参考维修手册完成教师指定或客户提供的另一款车型的电池拆检操作 比亚迪 E5 动力电池拆装、解体与检测	10 分			

最终得分：

助力环保，着眼未来

—— 曾毓群：愿为人类新能源事业做出卓越贡献

　　2022 年 10 月 16 日，中国共产党第二十次全国代表大会在北京隆重召开，企业界对党的二十大报告反响热烈。全国政协委员、宁德时代新能源科技股份有限公司(以下简称宁德时代)董事长曾毓群向《每日经济新闻》记者分享了他的感悟。

"党的二十大报告为我们清晰地阐明了中国式现代化的未来发展蓝图,明确了实践路径。报告提出:积极稳妥推进碳达峰、碳中和,立足我国能源资源禀赋,坚持先立后破,有计划、分步骤实施碳达峰行动,深入推进能源革命。"曾毓群表示。

作为一家新能源创新科技企业,自创立起,宁德时代就专注于为全球新能源应用提供一流解决方案和服务。多年来,宁德时代始终保持高研发投入,攻克了一批锂电池行业"卡脖子"技术难题,形成一系列具有国际先进水平的自主知识产权成果,在电池材料、电池系统、电池回收等产业链关键领域建立核心技术优势及可持续研发能力。

"宁德时代始终坚持从材料及材料体系、系统结构、绿色极限制造、商业模式四个方面不断创新,以持续领先的产品和服务,支撑引领产业高质量发展,为实现'双碳'目标贡献力量。"曾毓群在回顾企业发展历程时说。

目前,宁德时代的动力电池已销往全球57个国家和地区。企业累计装车超过500万辆,全球每新增3辆新能源汽车就有1辆装载宁德时代电池,而每10辆重卡或工程机械,就有9辆配装宁德时代动力电池。

站在全新的历史起点,曾毓群表示,宁德时代愿与国内外合作伙伴一道,以"开放、合作、共赢"的胸怀谋发展,以科技创新、绿色环保的道路开新局,为人类新能源事业做出卓越贡献,为人民美好生活贡献科技力量。"我们很荣幸能够参与到这一伟大事业中,也坚信在党中央的带领下,必将实现中华民族的伟大复兴。"曾毓群说。

 ## 项目测验

 ### 一、单选题(每题 3 分,共 30 分)

1. 下列说法正确的是(　　　)。

　　A. 导体电阻的大小跟导体两端电压成正比

　　B. 导体电阻的大小跟导体中电流强度成反比

　　C. 导体电阻只受环境温度、湿度影响,不同环境不同阻值

　　D. 导体电阻的大小跟导体两端的电压和通过导体中的电流强度无关

2. 动力电池维修人员必须具备(　　　)。

　　A. 特种电力操作证　　　　　　　　　　B. 电工中级技师证

　　C. 低压电工证　　　　　　　　　　　　D. 高压电工证

3. 车辆低电量时采集数据,通过上位机确认 13 号采压点存在低压问题,但是维修方案需要充满电才可以维修,那么拆开电池包后如何确认具体哪一节电芯是 13 号低压电芯?(　　　)

A. 按照厂商提供的采压分布图进行确认

B. 从电池包正极开始数,数到第 13 号电芯

C. 从电池包负极开始数,数到第 13 号电芯

D. 用电压表测量,电压低的就可以判断

4. 纯电动汽车的最本质的能量源来自( )。

A. 动力蓄电池　　　B. 驱动电机　　　C. BCU　　　　D. PEB

5. 将 4 个 3.2V/20A·h 规格的电芯并联组合后的电压和容量分别是( )。

A. 12.8V/20A·h　　　　　　　　B. 3.2V/20A·h

C. 3.2V/80A·h　　　　　　　　D. 12.8V/80A·h

6. 关于 SOC 说法下列解释正确的是( )。

A. SOC 表示电池健康度,可以理解为电池当前的容量与出厂容量的百分比

B. SOC 表示荷电状态,即电池剩余容量占电池总容量的比值(%)

C. SOC 一直处于变化中,有的车辆电池包性能优异,SOC 甚至可以达到 120%

D. SOC 是固定值,需要定期在 BMS 内配置好才能真实反映电池的性能情况

7. 以下关于三元锂蓄电池的描述错误的是( )。

A. 标称电压为 3.7V

B. 充电终止电压为 4.2V

C. 三元锂蓄电池的安全性能高于磷酸铁锂电池

D. 仅从材料体现上看,三元锂电池的能量密度高于磷酸铁锂电池

8. 以下不会对锂电池造成不可逆伤害的操作是( )。

A. 按规定电压进行充电　　　　B. 充电超过最高截止电压

C. 超低温充电使用　　　　　　D. 长期库存没有使用

9. 下面不是 BMS 主要功能的是( )。

A. 动力电池物理参数实时监控　　B. 动力电池热管理系统的控制与管理

C. 动力电池包状态的在线诊断与预警　D. 车辆行驶控制

10. 下列选项中不属于动力蓄电池系统的组成部件的是( )。

A. 动力蓄电池模组　　　　　　B. BMS

C. 逆变器　　　　　　　　　　D. 热管理系统

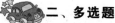 二、多选题(每题 5 分,共 30 分)

1. 以下属于纯电动汽车组成部件的有( )。

A. 动力电池包　　　　　　　　B. 发动机

C. 电动机　　　　　　　　　　D. PDU(电源分配单元)

2. 下列选项关于模组中电芯与电芯之间组合形式的描述,正确的是( )。

A. 电芯之间串联,模组的容量等于单个电芯的容量

B. 电芯之间串联,模组的电压等于单个电芯的电压

C. 电芯之间并联,模组的容量等于单个电芯的容量

D. 电芯之间并联,模组的电压等于单个电芯的电压

3. 下列选项中属于电池管理系统(BMS)采集处理的参数是(　　)。

    A. 电池包内温度 　　　　　　　　　　B. 单体电压及电池包总压

    C. 电池包荷电状态 　　　　　　　　　　D. 动力蓄电池母线电流

4. 维修前后需要对电池包外观进行检查,检查项包括(　　)。

    A. 电池防爆阀是否脱落,保护盖是否完好

    B. 电池箱体有无破损、变形

    C. 电池箱体外部接插件有无腐蚀、损坏

    D. 电池箱铭牌是否丢失等

5. 按照电池外观分类,锂电池常用类型是(　　)。

    A. 圆柱形电芯　　　B. 方形电芯　　　C. 软包电芯　　　D. 钛酸锂

6. 下列说法正确的是(　　)。

    A. 作业过程中出现裸露的线束,因线路已经处断电状态故不需要做绝缘处理

    B. 若存在电容设备,或者刚切开高压电,必须做放电处理,并用数字万用表确认过没电压之后,方可进行下一步操作

    C. 涉及拆装电路板的,不需要释放人体静电,直接用手触摸电路板裸露的线路

    D. 电池箱内部涉及模组的拆装,都必须在维修前断开 BMS 的接插件

 三、判断题(每题 3 分,共 30 分)

1. 高压操作上岗前需要做好防护用品(绝缘手套、劳保鞋、安全头盔、护目镜等)的穿戴,做好防护工具(绝缘垫、灭火器等)的检查。(　　)

2. 维修结束后会对工具进行检查盘点,因此在拆卸时可以随意摆放。(　　)

3. 电动车长期不用时,应该以相对较高的电量进行存储,防止电池自放电导致电池亏电过放,如有条件,务必保证电池定期做充放电维护。(　　)

4. 纯电阻电路的电功率是电压与电流的乘积,电阻等于电压除以电流。(　　)

5. 太阳能电池属于物理电池范畴。(　　)

6. 每辆车都有快充、慢充接口。(　　)

7. 维修电池模组前需要断开 BMS 通信采集线束,防止误操作导致 BMS 损坏,一般建议:断开从控插件时,先断高电位电压采集插件,再断低电位电压采集插件,安装时则相反,从低电位到高电位按顺序插接。(　　)

8. 能量密度是指单位体积或单位质量所释放的能量,一般用(kW·h)/L 或(kW·h)/kg 表示。(　　)

9. 第一次维修新项目,拆装时多看作业指导书,容易出现混淆的位置,可多拍照片进行记录。(　　)

10. 动力蓄电池热管理系统能够通过冷却或加热的方式对动力蓄电池进行温度控制,保证动力蓄电池能够安全、长寿命、高效的工作。(　　)

四、简答题(10 分)

请简述北汽 EU260 电池包拆卸步骤。

项目 3

驱动电机

◎ **情景导入**

任务引入：一辆北汽 EV160 电动汽车，在行驶过程中，仪表突然提示驱动电机高温报警故障，于是车主将车辆开到 4S 店进行检修，根据提示可能是电机温度传感器出现了问题，假如你是维修工，你将如何解决本次故障呢？

引导问题：驱动电机高温报警是什么原因引起的？ 驱动电机的温度传感器是如何检测温度的？

问题分析：要完成以上任务我们必须掌握以下 3 个内容。

(1) 什么是驱动电机？

(2) 驱动电机的结构及工作原理是怎样的？

(3) 电机控制器如何控制驱动电机？ 如何对电机控制器进行检修？

接下来我们就通过知识储备完成以上 3 项内容的学习。

◎ **学习目标**

知识目标：

(1) 了解驱动电机的分类及特点。

(2) 熟悉驱动电机的结构及原理。

能力目标：

(1) 能够对驱动电机系统进行维护保养。

(2) 能够对驱动电机各部件进行检修。

素质目标：

养成不断进取、精益求精的劳模精神。

知识储备

3.1 驱动电机认知

驱动电机认知

驱动电机的本质是一种能量转换装置,它能将电能转化成机械能,驱动汽车前进后退,同时可以将机械能转化为电能作为发电机发电。纯电动汽车驱动电机系统由驱动电机、电机控制器、BMS、动力电池及充电机等构成(图 3-1)。驱动电机通过机械传动装置与车轮连接在一起,驱动车辆行驶。电机控制器将动力电池输出的直流电转换成可控的三相交流电输入驱动电机,控制驱动电机运行。在纯电动汽车或混合动力汽车中,最常用的是永磁同步电机和三相异步电机。

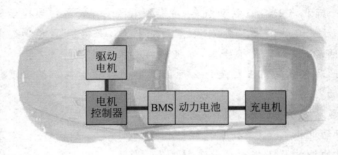

图 3-1 驱动电机系统

与传统汽车上的发动机相比,驱动电机主要具有以下两个技术优势。

(1)驱动电机将电能转化为动能,通过电池供电,与内燃机相比,其能量利用率更高,综合能源利用效率可在 80% 以上,而传统燃油汽车仅有 20%~30%。另外,驱动电机的动力响应更加迅速,发动机动力输出需要时间来达到最佳状态,而驱动电机可以在瞬间输出最大马力,提高了加速动力和行驶舒适度。

(2)驱动电机通过电池供电,不需要使用燃油,所以不会产生尾气排放,对环境污染更小。尤其是在城市区域,驱动电机的优势更为显著,可以降低空气污染并改善城市交通环境。

3.1.1 驱动电机特性

1. 体积小、功率密度大

由于新能源汽车的整车空间有限,因此第一要求驱动电机的结构紧凑、尺寸要小。这就意味着电机系统(驱动电机+电机控制器)的尺寸将受到很大的限制,电机设计厂家必须寻找方法提升电机的功率密度,缩小驱动电机的体积与重量可以达到目的。

2. 效率高、高效区广

对新能源汽车驱动电机的第二个要求就是效率要高、高效区要广、质量要轻。续航里程一直是新能源汽车的短板,而提升续航里程就是提升驱动电机的效率,保证每千瓦时电都能发挥最大的用处。驱动电机的高效工况区要够广,保证汽车在大部分工况下都是处于高效状态下。减轻电机质量,也能间接降低整车的功耗,实现续航里程提升。

3. 安全性与舒适度

基于汽车用户的体验,新能源汽车驱动电机还需提升电机安全性和舒适度。安全性可以理解成电机的可靠性,即电机在恶劣环境下能否正常工作。可以通过高低温箱试验进行安全性能检测。舒适度,即电机在运行时是否会对驾驶人产生体验上的不适,关注的是电机运行时的振动和噪声情况。

 ## 3.1.2 驱动电机类型

驱动电机类型(图 3-2)多样,通常根据电机工作电源的不同,可分为直流电机和交流电机。直流电机按励磁方式的不同又可分为永磁直流电机和电励磁直流电机。交流电机按照结构及工作原理可分为交流同步电机和交流异步电机。

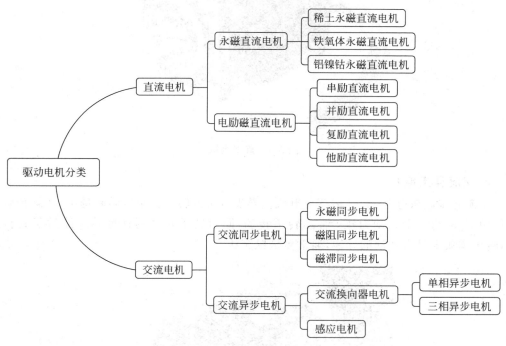

图 3-2 驱动电机类型

新能源汽车的驱动电机与传统工业电机不同,车用驱动电机应该具备较大范围的调速能力,在低速时具有较大的转矩,在高速时具有高功率,能够根据驾驶需要,随时调整新能源汽车的行驶速度和相应的驱动力。同时,驱动电机的外形尺寸要求尽可能小,质量尽可能小,且能够长期在较恶劣的环境下可靠工作。因此,目前应用在新能源汽车上的驱动电机主要有直流电机、交流异步电机、永磁同步电机和开关磁阻电机等。

1. 直流电机

直流电机(图 3-3)就是将直流电能转换成机械能的电机。电机定子提供磁场,直流电源向转子的绕组提供电流,换向器使转子电流与磁场产生的转矩保持方向不变。其特点如下。

(1)调速性能好。电机可在一定负载的条件下,根据需要,人为地改变电机转速。即使是在重负载条件下,也可以实现均匀、平滑的无级调速,而且调速范围较宽。

(2)起动力矩大。直流电机可以均匀而经济地实现转速调节。因此,凡是在重负载下起动或要求均匀调节转速的机械,例如大型可逆轧钢机、卷扬机、电力机车、有轨电车等,都可用直流电机拖动。目前,直流电机驱动已被广泛用于要求转速可调、调速性能好、频繁起动、制动和反转的各种场合。由于其技术成熟和控制简单,新能源汽车的电动助力转向系统、电动车门及电动座椅等通常也采用直流电机。

图 3-3　直流电机

2. 交流异步电机

交流异步电机(图 3-4)又称感应电机。异步电机的转子置于旋转磁场中,在旋转磁场的作用下,获得一个转动力矩,带动转子转动,同时转子转动的速度始终滞后于旋转磁场,转子本质上是可转动的导体,通常多呈鼠笼状。

图 3-4　交流异步电机

交流异步电机效率高、成本低、结构简单、体积较小、质量小，工作可靠、使用寿命长。但由于转子的转速与定子旋转磁场的旋转速度存在转差率，因而调速性能较差，控制相对较为复杂，配用的控制器成本较高，主要应用的车辆是大型客车和特拉斯电动汽车。

3. 永磁同步电机

永磁同步电机(图 3-5)具有较高的功率、结构简单、体积小、质量轻，比其他类型电机的输出转矩更大，电机的极限转速和制动性能也比较优异，因此永磁同步电机已成为现今电动汽车应用最多的驱动电机，国内的车企如比亚迪、长安、小鹏等均选用永磁同步电机。

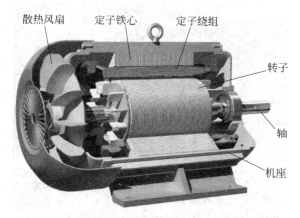

图 3-5　永磁同步电机

4. 开关磁阻电机

开关磁阻电机(图 3-6)具有结构简单、成本低、效率高、调速范围宽、起动力矩大、过载能力强、可以有效地实现发电和制动等优点，非常适合汽车频繁起停的工况。但是起动时会发出较大噪声和振动。

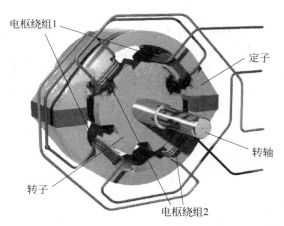

图 3-6　开关磁阻电机

66

3.1.3 驱动电机铭牌

驱动电机
型号及
结构

驱动电机铭牌(图 3-7)位于电机的上方,电机铭牌展示了驱动电机的基本信息及性能参数,主要包含电机型号、额定电压、额定功率、出厂编号、最大功率、最大转矩、工作电压、重量及防护等级等基本信息。

1. 电机型号

驱动电机型号(图 3-8)可从铭牌读取,由驱动电机类型代号、尺寸规格代号、信号反馈元件代号、冷却方式代号、预留代号 5 部分组成。

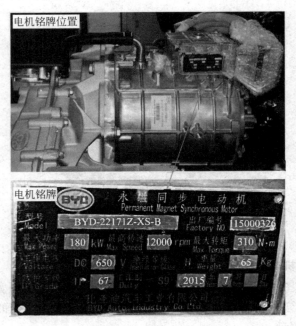

图 3-7　驱动电机铭牌

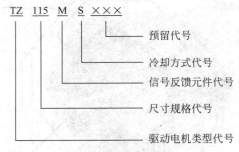

图 3-8　驱动电机型号

1) 驱动电机类型代号

KC——开关磁阻电机。

TF——方波控制型永磁同步电机。

TZ——正弦控制型永磁同步电机。

YR——异步电机(绕线型)。

YS——异步电机(笼型)。

ZL——直流电机。

2)尺寸规格代号

一般采用定子铁心的外径表示,对于外转子电机,采用外转子铁心外径表示。

3)信息反馈元件代号

M——光电编码器。

X——旋转变压器。

H——霍尔元件。

无传感器不必标注。

4)冷却方式代号

S——水冷方式。

Y——油冷方式。

F——强迫风冷方式。

非强迫冷却方式(自然冷却)不必标注。

5)预留代号

用英文大写字母或阿拉伯数字组合,其含义由制造商自行确定。

2. 电机性能参数

驱动电机的性能参数是评价驱动电机性能表现的重要依据,驱动电机性能参数主要有以下几项。

(1) 额定电压:在额定工况下,输入定子绕组的线电压值。其中,额定工况是指驱动电机可以长时间稳定工作的状态。

(2) 额定转速:额定转速是指电机在额定负载下能够稳定运行的转速,通常以每分钟转数(r/min)为单位。额定转速反映了电机在不同负载下的运行稳定性。

(3) 额定电流:在额定电压下,通过定子绕组的线电流值。

(4) 额定功率:输出功率是指电机在实际工作条件下能够输出的功率,通常以千瓦(kW)为单位。输出功率反映了电机在实际应用中的性能表现。

(5) 输出最大转矩:输出最大转矩是电机在最大负载下能够输出的转矩,通常以牛顿·米(N·m)为单位。最大转矩决定了电机在重载条件下动力输出的能力。

(6) 过载能力:过载能力是指电机在超过额定负载情况下能够承受的能力,通常以倍数表示。过载能力决定了电机在短期加速和最大爬坡时的可靠性。

(7) 调速性能:调速性能是指电机在不同转速下能够保持高效运行的能力。宽范围调速性能要求电机在整个调速范围内保持高效率。

(8) 能量回收功能:能量回收功能是指电机在制动过程中能够回收能量的能力,通常能够回收总能量的10%～20%。能量回收功能提高了能源的利用效率。

(9) 可靠性:要求电机在复杂多变的工作环境中保持高度的可靠性,同时保持成本的合理性。

回顾与总结

通过本节的学习,我们已经解决了本项目的第1个问题:什么是驱动电机?接下来请同学们完成后续内容的学习,解决下一个问题:驱动电机的结构及工作原理是怎样的?

3.2 驱动电机结构及原理

3.2.1 直流电机结构

直流电机主要由定子和转子两大部分组成。直流电机运行时静止不动的部分称为定子,定子的主要作用是产生磁场。运行时转动的部分称为转子,其主要作用是产生电磁转矩和感应电动势,是直流电机进行能量转换的枢纽,所以通常又称为电枢。

1. 定子

直流电机定子(图3-9)的作用是产生磁场和作为电机的机械支撑,它由主磁极、换向磁极、电刷装置、机座和端盖等组成。

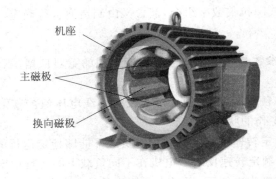

机座

主磁极

换向磁极

图3-9 直流电机定子

(1)主磁极:主磁极的主要作用是在励磁电流的作用下产生主磁通。因此只要改变励磁电流的方向,就可改变主磁极极性,也就改变了磁场方向。

(2)换向磁极(图3-10):在两个相邻的主磁极之间有一个小磁极,这就是换向磁极。它的构造与主磁极相似,它的励磁绕组与主磁极的励磁绕组相串联。换向磁极的主要作用是产生附加磁场,帮助电机换向,减小电刷与换向器之间的火花,使换向器不至于烧坏。

(3)电刷装置:主要是由电刷、压紧弹簧和电刷盒等组成,固定在电刷盒上不动的电刷,借助压紧弹簧的压力和旋转的换向器保持滑动接触,使电枢绕组与外电路接通。电刷数一般等于主磁极数。

(4)机座(图3-11):机座用来固定主磁极、换向磁极和端盖,是电机磁路的一部分。机座用铸钢或铸铁制成,机座上的接线盒有励磁绕组和电枢绕组的接线端,用来对外接线。

（5）端盖：端盖由铸铁制成，用螺栓固定在底座的两端，盖内有轴承用以支撑旋转的电枢。

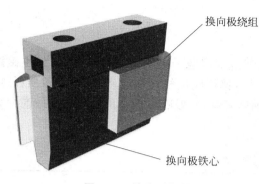

图 3-10　换向磁极

图 3-11　机座

2. 转子

电机转子（图 3-12）又称电枢，是电机的旋转部分。它由转子铁心、绕组、换向器等组成。

图 3-12　电机转子

（1）转子铁心（图 3-13）：转子铁心由硅钢片冲压而成，硅钢片厚度一般为 $0.35\sim0.5\mathrm{mm}$，其外圆上有分布均匀的槽用来放置绕组。转子铁心也是电机磁路的一部分。

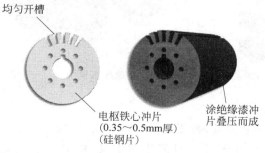

图 3-13　转子铁心

（2）绕组：绕组是产生感应电动势或电磁转矩，实现能量转换的主要部件。它由许多绕组元件构成，按一定规则嵌放在铁心槽内和换向片相连，使各组线圈的电动势在运行时能叠加。

（3）换向器：由许多铜制换向片组成，外形呈圆柱形，片与片之间用云母绝缘。换向器主要起整流作用，即将电枢绕组中的交流电转换为电刷间的直流电或将电刷间的直流电逆变为电枢绕组中的交流电。

3. 空气缝隙

空气缝隙是定子磁极和转子间自然形成的缝隙。虽不为结构部件，但为主磁路重要部分，是机电能量转换的媒介。气隙大小直接影响电机的性能，气隙越小磁损耗越小，电机效率越高，但其受机械加工精度和同轴度限制，一般随电机容量（体积）和最高允许转速增加而增大。

3.2.2　直流电机工作原理

1. 直流电机模型

前面提到直流电机主要由定子和转子两部分组成，为方便讲解直流电机的工作原理，现将直流电机结构简化为模型。直流电机模型（图 3-14）的固定部分（定子）上装设了一对

驱动电机的工作原理

直流励磁的静止主磁极 N 和 S，旋转部分（转子）上装设有电枢铁心。定子与转子之间有一气隙。在电枢铁心上放置了两根导体连成的电枢线圈，线圈的首端和末端分别连到两个圆弧形的铜片上，此铜片称为换向片。换向片之间互相绝缘，由换向片构成的整体称为换向器。换向器固定在转轴上，换向片与转轴之间也互相绝缘。在换向片上连接了一对固定不动的电刷，当电枢旋转时，电枢线圈通过换向片和电刷与外电路接通。

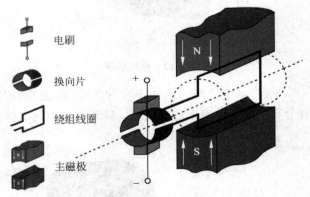

电刷
换向片
绕组线圈
主磁极
N
S

图 3-14　直流电机模型

2. 工作过程

讲直流电机工作过程之前，需要先了解以下几个内容。

（1）磁场：图中 N 和 S 是一对静止的磁极，用以产生磁场，其磁感应强度为正弦分布。

（2）励磁绕组：容量较小的发电机是用永久磁铁做磁极的。容量较大的发电机的磁场是由直流电流通过绕在磁极铁心上的绕组产生的。用来形成 N 极和 S 极的绕组称为励磁绕组，励磁绕组中的电流称为励磁电流。

（3）电枢绕组：在 N 极和 S 极之间，有一个能绕轴旋转的圆柱形铁心，其上紧绕着一个线圈称为电枢绕组（图 3-14 中只画出一匝线圈），电枢绕组中的电流称为电枢电流。

（4）换向器：电枢绕组两端分别接在两个相互绝缘且和绕组同轴旋转的半圆形铜片——换向片上，它们共同组成一个换向器。换向器上压着固定不动的炭质电刷。

（5）电枢：铁心、电枢绕组和换向器所组成的旋转部分称为电枢。

直流电机的工作过程（图 3-15）主要分为以下几个阶段。

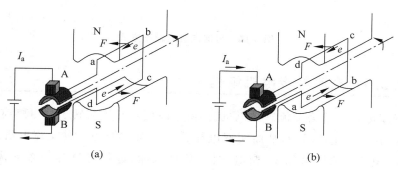

图 3-15　直流电机的工作过程

（1）电磁转矩产生：电枢绕组通过电刷接到直流电源上，绕组的旋转轴与机械负载相连。在图 3-15(a)位置，电流从电刷 A 流入电枢绕组，从电刷 B 流出。电枢电流 I_a 与磁场相互作用产生电磁力 F，其方向可用左手定则判定。这一对电磁力所形成的电磁转矩 T 使电动机电枢逆时针方向旋转。

（2）换向：当电枢转到图 3-15(b)所示位置时，ab 边转到了 S 极下，cd 边转到了 N 极下。这时线圈电磁转矩的方向发生了改变，由于换向器随同一起旋转，使得电刷 A 总是接触 N 极下的导线，而电刷 B 总是接触 S 极下的导线，故电流流动方向发生改变，电磁转矩方向不变。

（3）电动势与能量转换：电枢转动时，切割磁力线而产生感应电动势，这个电动势（用右手定则判定）的方向与电枢电流 I_a 和外加电压 U 的方向总是相反的，称为反电动势 e_a。

3. 直流电机的励磁方式

直流电机的励磁方式（图 3-16）是指对励磁绕组如何供电、产生励磁磁通势而建立主磁场的问题。根据励磁方式的不同，直流电机可分为下列几种类型。

（1）他励直流电机。励磁绕组与电枢绕组无连接关系，而由其他直流电源对励磁绕组供电的直流电机称为他励直流电机，接线如图 3-16(a)所示。

（2）并励直流电机。并励直流电机的励磁绕组与电枢绕组相并联，接线如图 3-16(b)所示。

（3）串励直流电机。串励直流电机的励磁绕组与电枢绕组串联后，再接于直流电源，接线如图 3-16(c)所示。这种直流电机的励磁电流就是电枢电流。

（4）复励直流电机。复励直流电机有并励和串励两个励磁绕组，接线如图 3-16(d)所示。

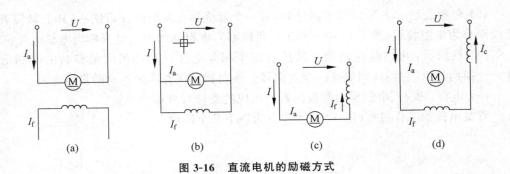

图 3-16   直流电机的励磁方式

3.2.3   交流异步电机结构

交流异步电机又称为交流感应电机,是由气隙旋转磁场与转子绕组感应电流相互作用产生电磁转矩,从而实现电能转换为机械能的一种交流电机。交流异步电机具有结构简单、制造方便、价格低廉、运行可靠等一系列优点,还具有较高的运行效率和较好的工作特性,能满足各行各业大多数生产机械的传动要求。因此,交流异步电机是各类电机中应用最为广泛、需求量最大的一种。

比亚迪 E5
驱动电机
(交流异步
电机)结构

交流异步电机(图 3-17)主要由定子和转子组成,定子和转子之间为气隙,交流异步电机的气隙一般为 0.5~2.0mm,气隙的大小对交流异步电机的性能有很大影响。

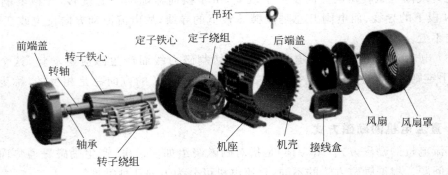

图 3-17   交流异步电机结构

1. 定子

交流异步电机定子(图 3-18)主要由定子铁心、定子绕组和机座 3 部分组成。

(1)定子铁心:定子铁心属于电机磁路的一部分,装在机座里。为了降低定子铁心的铁耗,定子铁心用 0.5mm 厚的硅钢片叠压而成,在硅钢片的两面涂有绝缘漆。

(2)定子绕组:定子绕组是由空间相差120°完全相同的三相绕组对称排列组成,为了能够产生多对磁极的旋转磁场,每相绕组也可以由多个线圈串联而成。定子绕组用绝缘的铜(或铝)导线绕成,按照规定的顺序镶嵌在定子铁心槽内。

（3）机座(图3-19)：机座主要是为了固定与支撑定子铁心。如果是端盖轴承,机座还要支撑电机的转子部分。机座应有足够的机械强度和刚度,对中、小型异步电机,通常使用铸铁机座。对大型电机一般采用钢板焊接的机座,整个机座和座式轴承都固定在同一个底板上。

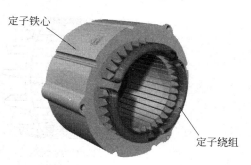

图3-18　交流异步电机定子

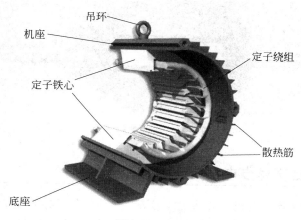

图3-19　机座

2. 转子

交流异步电机的转子包括转子铁心和转子绕组两部分。

1）转子铁心

转子铁心是电机磁路的一部分,它用0.5mm厚的硅钢片叠压而成。铁心固定在转轴或转子支架上,整个转子的外表呈圆柱形。

2）转子绕组

转子绕组分为笼型和绕线型两类(图3-20)。

（1）笼型转子：在转子的每个槽里放一根导体,在铁心的两端用端环连接起来,形成一个短路的绕组,这个两端封闭短路的绕组形状像个笼子,因此叫笼型转子。导条的材料通常为铜质或铝质,笼型转子电机结构简单、价格低廉、工作可靠,但不能人为改变电机的机械特性。

（2）绕线型转子(图3-21)：绕线型转子的槽内嵌放有用绝缘导线组成的三相绕组,一般连接成星形。转子绕组的3条引线分别接到3个集电环上,以一套电刷装置连接外部可变电阻用于起动或调速。与笼型转子相比较,绕线型转子结构稍复杂,价格稍贵,因此只在要求起动电流小、起动转矩大或需平滑调速的场合使用。

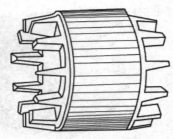
(a) 铸铝笼型转子绕组

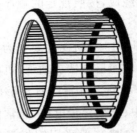
(b) 铜条笼型转子绕组

图 3-20　笼型绕组

图 3-21　绕线型转子

3.2.4　交流异步电机工作原理

北汽 EV160
驱动电机
工作原理

　　交流异步电机工作原理(图 3-22)：当交流异步电机的三相定子绕组通入三相交流电后，将产生一个旋转磁场，该旋转磁场切割转子绕组，从而在转子绕组中产生感应电动势，电动势的方向由右手定则确定。交流异步电机中的三相定子绕组 U-U、V-V、W-W 在空间间隔 120°对称排列并呈星形联结。

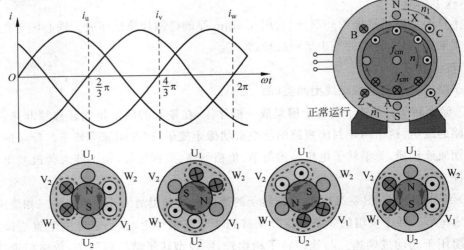

图 3-22　交流异步电机工作原理

交流异步电机定子绕组通入三相交流电后,定子绕组在电机内部产生椭圆形旋转磁场,转子此时不动,与定子旋转磁场产生相对运动,转子导体中产生感应电动势和感应电流,电流方向可以用右手定则确定。产生感应电流的转子导体在定子磁场中受到电磁力的作用,电磁力对转子轴形成电磁转矩,方向与旋转磁场的转动方向相同。

正因为转子中的电流是切割定子旋转磁场产生的,转子转速与定子旋转磁场的转速不能相等,转子转速一般低于定子旋转磁场转速,无法达到同步运转,因此,此类电机称为异步电机,同时由于转子电流是由电磁感应产生出来,所以也称为感应电机。

回顾与总结

通过本节的学习,我们解决了本项目的第 2 个问题:驱动电机的结构及工作原理是怎样的? 接下来请同学们完成后续内容的学习,解决下一个问题:电机控制器如何控制驱动电机? 如何对电机控制器进行检修?

3.3 电机控制器

新能源汽车的电机控制器连接了驱动电机与动力电池,可用来调校整车的各项性能。足够智能的电机控制器不仅能保障车辆的基本安全和精准操控,还能充分发挥驱动电机和动力电池的效能。

3.3.1 电机控制器组成

电机控制器(图 3-23)简称 MCU,主要作用是将动力电池输出的高压直流电逆变为三相可调的交流电并输出到驱动电机中,从而控制驱动电机的转矩、转速及方向。电机控制器主要由控制单元、逆变桥单元、电容器、电流传感器 4 个部分构成。

电机控制器原理及检修

驱动电机控制器的电路图控制原理

图 3-23 电机控制器

1. 控制单元

电机控制器的控制单元接收 VCU 通过 CAN 总线发送过来的转矩需求信号,根据驱动电机的转子转速信号、转子位置信号及三相线束的相电流信号,对逆变桥驱动单元产生定时信号。

2. 逆变桥单元

逆变桥单元的核心元件是 IGBT(insulated gate bipolar transistor,绝缘栅双极型晶体管)(图 3-24),它可以将高压驱动电源输出的直流电变成三相交流电,并送至驱动电机的三相线束。逆变桥单元的 IGBT 两两组合,组成多个单桥臂。

逆变桥驱动单元通过连接线连接每个单桥臂,用以实时监控 IGBT 并判断逆变桥单元的运行状态,若逆变桥单元出现欠电压、过电压、过电流、过温、短路等故障,则逆变桥驱动单元将通过串行接口将故障信号传递给控制单元。

3. 电容器

逆变桥单元的直流输入端并联有大容量的电容器,可暂时储存能量,并具有滤波作用。在电机控制器通入直流电并进行工作时,可避免大电流冲击电机控制器的内部元件;在回收制动能量为低压蓄电池充电时,可减小大电流对低压蓄电池的损害。

4. 电流传感器

电流传感器(图 3-25)能将被测电流的信息按一定规律变换成输出信号,以满足信息的传输、处理、存储、显示、记录和控制等要求。电机控制器接收电流传感器输出的反馈信号并对其进行分析处理,从而实现对三相交流电的精确控制。

图 3-24　IGBT

图 3-25　电流传感器

3.3.2　电机控制器作用

1. 挡位及速度控制

车辆起动后,电机控制器采集挡位器的信号及加速踏板的加速信号,判断挡位状态及驾驶人意图,通过 CAN 总线将扭矩命令传递给驱动电机。电机控制器根据驾驶人的指令,控制输出三相电相序,实现车辆的前进、后退。仪表通过 CAN 总线,接收车辆的挡位、速度及驱动电机转速等信号,并以可视化的形式将这些信息向驾驶人展示。

2. 制动控制

车辆行驶过程中,若驾驶人踩踏制动踏板,将牵动制动开关动作,电机控制器接收制动开关发出的制动信号以判断驾驶人的制动意图,采取相应的制动措施。

3. 风扇控制

电机控制器实时检测驱动电机及自身的温度,当温度达到设定值时,将闭合风扇的继电器,使风扇通电工作。

 ## 3.3.3　电机控制器检测

1. 供电和程序检测

(1) 供电检测:当电机控制器的低压控制电源电压过低或过高时,电机控制器将会自动关闭,并对外输出故障码。

(2) 程序检测:电机控制器的控制单元、逆变桥驱动单元都含有集成电路和中央处理单元(central processing unit,CPU),在正常运行过程中,电机控制器会对 CPU 的存储单元进行实时监测,以确保其功能完整。

2. IGBT 性能检测

IGBT 是电机控制器的核心元件,对其进行性能检测,并在其功能失效时及时采取控制措施是电机控制器检测的重要内容。一旦发现异常,应立即关闭 IGBT 的逆变功能。

3. 温度检测

电机控制器的温度控制模块是一个 NTC(negative temperature coefficient,负温度系数)温度传感器,主要监测驱动电机和电机控制器之间连接线的温度,以及电机控制器集成电路的温度。

电机控制器的温度检测过程:控制单元向温度控制模块提供一个 5V 的参考电压信号,温度控制模块会将这个信号与被测电路的电压信号对比。当被测电路的温度较低时,NTC 温度传感器的电阻较大,被测电路的电压信号与参考电压信号接近;当被测电路的温度升高时,则 NTC 温度传感器的电阻变小,被测电路的电压信号与参考电压信号差别较大,电机控制器会对此异常现象进行判断并采取处理措施。

4. 高压绝缘检测

高压绝缘检测主要是检查高压供电回路的正负极与车身搭铁处之间是否存在绝缘失效的情况。在动力电池输出高压电流后,如果检测到电机控制器与车身搭铁处之间或者相关机构与车身搭铁处之间的绝缘电阻值低于规定值,电机控制器将会把这一情况反馈给 VCU,并与 VCU 一起切断车辆的高压线路,以免发生事故。

3.3.4 电机控制器拆装

1. 实施要求

本操作任务主要完成对纯电动汽车的驱动电机控制器总成的拆卸和安装。

2. 实施准备

（1）防护装备：防护用品一套（工作服、绝缘劳保鞋、护目镜、绝缘头盔、绝缘手套）。

（2）车辆、台架、总成：北汽新能源 EV160 或其他纯电动车辆一辆。

（3）专用工具、设备：拆装专用工具。

（4）手工工具：新能源汽车维修组合工具。

（5）辅助材料：高压电维修警示牌和设备、绝缘地胶、二氧化碳类型灭火器、清洁剂。

3. 实施步骤

驱动电机控制器总成拆卸（以北汽 EV160 为例）。

（1）蓄电池负极端子拆卸（图 3-26）。选用 10mm 扳手拧松蓄电池负极线固定螺栓，取下负极线，并对负极端子做好防护。

图 3-26 蓄电池负极端子拆卸

（2）使用绝缘一字螺丝刀工具，拆卸永磁同步电机控制器低压线束端口。

（3）拆卸驱动电机插接器（图 3-27）。取出驱动电机三相插接件线束插头。

（4）拆卸驱动电机控制器正负极高压线缆。

（5）使用合适的工具拧松驱动电机控制器散热出水管卡箍（图 3-28），并拔出散热出水管。

（6）使用绝缘工具（棘轮扳手、接杆和 6mm 内六角套筒）拆卸驱动电机控制器总成 4 颗固定螺栓。

（7）取下驱动电机控制器单元总成（图 3-29），并放置于干净、干燥环境。

（8）使用电工胶布包裹驱动电机三相插接件线束插头。

（9）电机控制器高压线束端口保护（图 3-30）使用电工胶布包裹永磁同步电机控制器高压线束正极端口和负极端口。

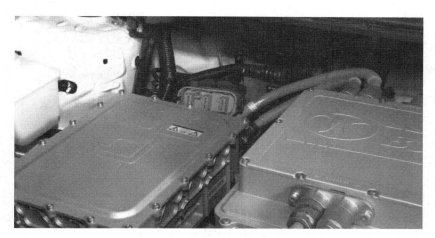

图 3-27　拆卸驱动电机插接器

图 3-28　拧松驱动电机控制器散热出水管卡箍

图 3-29　取下驱动电机控制器单元总成

说明：不同的车型拆装过程稍有差异，操作前请仔细阅读维修手册。

图 3-30　电机控制器高压线束端口保护

回顾与总结

通过本节的学习,我们解决了本项目的第 3 个问题:电机控制器如何控制驱动电机?如何对电机控制器进行检修?接下来,同学们就可以利用自己所学的知识完成情景导入中的驱动电机温度传感器检测,并完成驱动电机温度传感器检修了,祝同学们实践顺利。

 任务实施

1. 小组协作

请同学们按表 3-1 的提示,根据各自专长进行分工,相互协作完成工作任务。

表 3-1　小组分工表

组　　名	成　员　名	专　　长	期望成长点
		动手操作	
		理解思考	
		文献阅读	
		数据处理	
		拍摄记录	
		统筹安排	

2. 操作考核

1)任务描述

(1)识读维修手册中温度传感器电路图,判断各端子含义。常温下,拔下电机温度传感器的连接线,用数字万用表电阻挡测量温度传感器各端子间的电阻值,并记录,判断传感器的好坏。

(2)考试计时开始后,考生才可进行操作,按考题要求完成工作任务,并将考试相应内容记录在工单上,任务完成整理场地后结束考试。

2) 实施条件

(1) 工位要求。

① 每个场地要求配备 1～2 个工位。

② 每个工位配备分类回收垃圾桶。

(2) 工量具、仪器设备及材料清单如表 3-2 所示。

表 3-2　工量具、仪器设备及材料清单

序号	名　　　称	备　　注
1	绝缘工具车	1 辆
2	数字万用表	1 块
3	北汽新能源	1 台
4	防护设备	1 套
5	举升机	1 台
6	电胶布	1 卷
7	工单	学生填写检测数据

3) 操作时限

考核时限：45 分钟。

4) 实操评分标准

"电机传感器检测"实操评分标准如表 3-3 所示。

表 3-3　"电机传感器检测"实操评分标准

序号	考核项目	配分	扣分标准（每项累计扣分不超过配分）
1	安全文明否决		造成人身、设备损失等重大事故，或恶意顶撞考官、严重扰乱考场秩序，立即终止考试，此题计 0 分
2	安全文明生产	20 分	(1) 操作前不检查设备、工具、量具、零件（含被考官提醒），每次扣 3 分。 (2) 工量具与零件混放，或摆放凌乱，每次每处扣 1 分。 (3) 工量具或零件随意摆放在地上，每次扣 1 分。 (4) 工具洒落在地面或零部件表面未及时清理，每次扣 1 分。 (5) 竣工后未清理工量具，每件扣 1 分。 (6) 竣工后未清理考核场地，扣 2 分。 (7) 不服从考官、出言不逊，每次扣 5 分
3	工量具、仪器准备	10 分	(1) 工量具、仪器每少准备 1 件扣 1 分。 (2) 工量具、仪器选择不当，每次扣 2 分
4	维修手册使用	10 分	每查错一个数据或漏查 1 个数据扣 3 分，根据工单填写情况对照维修手册标准值评分
5	数字万用表使用	10 分	(1) 测试前不进行数字万用表校表扣 5 分。 (2) 数字万用表挡位调整不正确，测试方法不当扣 1～5 分。 (3) 不戴安全帽扣 2 分

序号	考核项目	配分	扣分标准（每项累计扣分不超过配分）
6	温度传感器检测	40分	（1）使用数字万用表不校表每次扣2分。 （2）数字万用表挡位、量程选择不正确每次扣3分。 （3）不能利用维修手册电路图找到测量点每次扣5分。 （4）每测量一次错误扣3分。 （5）读数不正确每次扣5分。 （6）工单填写不正确或漏填每处扣1分，每题扣完为止。 （7）任务单数据表格填写规范整洁，否则每处扣1分，扣完为止
7	填写工单	10分	（1）维修记录字迹潦草扣2分。 （2）填写不完整，每项扣1分
合　计		100分	

5）操作工单

"电机传感器检测"操作工单如表3-4所示。

表3-4　"电机传感器检测"操作工单

一、准备工作

项　目	情况记录
（1）工量具设备准备	
（2）测量仪器的准备	
（3）电动总成实训台架	

二、操作过程

要求：会正确使用各传感器，并对各传感器进行检测

电机铭牌信息	序号	技术指标		序号	技术指标	
	1	型号编码		6	总成质量	
	2	电机类型		7	防护等级	
	3	最大输出转矩		8	绝缘等级	
	4	最大输出功率		9	工作电压	
	5	最大输出转速				

传感器识别	根据维修手册，正确识别温度传感器与旋转变压器，并口述其功能
数字万用表的检测	数字万用表的使用：选用合适的数字万用表，检查其外观和表笔是否正常；平放数字万用表，对数字万用表进行功能检测。 此数字万用表能否正常使用？□能　□否

温度传感器检测	端子号		含　义		判断测量值是否正常 □是　□否
	1				
	2				
	3				
	4				
	5				
	序号	测量对象	范　围	测量值/kΩ	
	1	温度传感器电阻	50.04～212.5kΩ		

续表

	端子号	含　义	端子号	含　义	
旋转变压器检测	1		4		判断测量值是否正常 □是 □否
	2		5		
	3		6		
	序号	测量对象	标准值/Ω	测量值/Ω	
	1	励磁绕组电阻	6.5±2		
	2	正弦绕组电阻	12.5±4		
	3	余弦绕组电阻	12.5±4		

3. 评价总结

请参照表 3-5 对本次任务实施活动自己的综合表现进行最终评分。

表 3-5　任务实施最终评分表

		要　求	分值	自评（25%）	互评（25%）	教师评价（50%）
综合素质	思维能力	能够从不同的角度提出问题，并考虑解决问题的方法	5分			
	自学能力	能够通过自己已有的知识经验独立地获取新的知识信息	5分			
	创新能力	能够跳出固有的课内外知识，提出自己的见解、培养自己的创新性	15分			
	表达能力	能够正确地组织和表达自己的意见与看法	15分			
	合作能力	能够与小组成员团结合作、友好沟通，共同完成任务	5分			
	学习方法	能够根据本任务调整自己的学习方法与思路	5分			
职业技能	课内实操	能够按照标准流程完成本任务的操作考核	40分			
	课外实操	能够完成其他任一车型的电机控制器拆装 电机控制器拆装（吉利帝豪EV300）	10分			

最终得分：

大国工匠

立足创新、产业报国

—— 朱军：引领汽车新发展

上汽集团在 2006 年立下军令状，宣布将推出混合动力、纯电动和插电强混三款新能源汽车产品。朱军作为上汽新能源汽车动力系统的领军人物，发挥了关键作用。2009 年，朱军就任上汽集团技术中心副主任，负责新能源汽车动力系统开发等工作。面对国内汽车界对新能源技术路线的不同声音，朱军主导确定了适合上汽自主品牌的产业化发展道路，即以中混技术为起点，发展插电强混和纯电动技术。这一思路被证明是正确的，上汽新能源产品战略有序实施，三款产品均已量产并取得市场业绩，树立了上汽新能源车的地位。

朱军坚持"车企要生存必须掌握核心技术"的理念，领导上汽自主品牌新能源项目动力系统的开发，负责荣威 750 中混混合动力轿车、荣威 E50 纯电动小车、荣威 550 插电式混合动力轿车动力系统的开发。在他的领导下，上汽新能源车自主研发进程迅速，荣威 750 中混混合动力轿车实现整车节油 20%，荣威 550 插电式混合动力轿车技术水平居世界前列。

他坦言，荣威 550 插电混动车掌握了许多跨国汽车公司都没有的新能源汽车核心技术。在研发过程中，他们面临技术来源问题，尤其是丰田、通用的技术壁垒。上汽通过技术储备和引进国外咨询公司，自主研发了电控驱动单元，拥有完全自主知识产权，从概念到产品完全在上汽掌控之下。

此外，上汽"三电"核心队伍和能力建设工作也由朱军领衔，将上汽三电开发队伍从 2008 年的 40 人扩充至 230 余人，开发能力在国内领先，初步建成电控集成和电机、电池的系统集成开发应用能力。

资料来源：马连华. 上汽集团朱军：新能源汽车技术的领军者[R/OL]. (2024-01-09)[2024-11-15]. http://zqb.cyol.com/html/2014-01/09/nw.D110000zgqnb_20140109_1-T03.htm.

 项目测验

 一、单选题(每题 3 分，共 39 分)

1. ( )是指通入直流电而产生机械运动的电机。
   A. 直流电机　　　　　　　　　　　　B. 交流感应电机
   C. 异步电机　　　　　　　　　　　　D. 开关磁阻电机

2. ( )是新能源汽车的调速和转向等动力控制系统的关键技术。
   A. 功率变换技术　　　　　　　　　　B. 新型材料技术
   C. 汽车智能技术　　　　　　　　　　D. 汽车网联技术

3. ( )以霍尔效应为工作基础，一般是由霍尔元件和其附属电路组成的集成传感器,用它可以检测磁场变化。

    A. 空气流量传感器   B. 光电编码器

    C. 旋转变压器   D. 霍尔传感器

4. 下列部件中,( )是电动汽车的关键部件。

    A. 雨刮器   B. 座椅调节电机

    C. 驱动电机   D. 阅读灯

5. 在直流驱动电机的功率小于5kW的纯电动汽车(观光车、巡逻车、清扫车等)动力电池组直接通过( )为小型电动车辆的直流电机提供直流电流。

    A. AC/AC 变换器   B. AC/DC 变换器

    C. DC/DC 变换器   D. DC/AC 变换器

6. ( )又称为逆变器,是应用电力电子器件将直流电转换成交流电的一种变流装置。

    A. AC/AC 变换器   B. AC/DC 变换器

    C. DC/DC 变换器   D. DC/AC 变换器

7. ( )的功能是将直流电变为另一固定电压或可调电压的直流电。

    A. AC-AC 变换电路   B. AC-DC 变换电路

    C. DC-DC 变换电路   D. DC-AC 变换电路

8. 特斯拉电动汽车使用的是( )。

    A. 直流电动机   B. 交流感应电机

    C. 永磁同步电机   D. 开关磁阻电机

9. 把晶闸管反并联后串入交流电路中,代替电路中的机械开关,起接通和断开电路的作用,这就是( )。

    A. 交流电力电子开关   B. 机械开关

    C. 电气开关   D. 电磁开关

10. 把一种形式的交流(AC)电能转变成另一种形式交流(AC)电能的电力电子装置,称为( )。

    A. AC-AC 变换电路   B. AC-DC 变换电路

    C. DC-AC 变换电路   D. DC-DC 变换电路

11. 将电能转换成机械能为车辆行驶提供驱动力的电气装置,也可具备机械能转化成电能的功能的是( )。

    A. 驱动电机系统   B. 驱动电机

    C. 驱动电机控制器   D. 直流母线电压

12. ( )是一种通过光电转换将输出轴机械几何位移量转换成脉冲或数字量的传感器。

    A. 空气流量传感器   B. 光电编码器

    C. 旋转变压器   D. 霍尔传感器

13. ( )是将交流电源变换成直流电的电路。

A. AC-AC 变换电路　　　　　　　　　　B. AC-DC 变换电路

C. DC-DC 变换电路　　　　　　　　　　D. DC-AC 变换电路

二、多选题(每题 3 分,共 30 分)

1. 直流电动机由静止的(　　)和旋转的(　　)两部分组成。

　　A. 定子　　　　　　B. 绕线　　　　　　C. 转子　　　　　　D. 硅钢片

2. 开关磁阻电机具有(　　)等突出优点。

　　A. 结构简单　　　　B. 运行可靠　　　　C. 成本低　　　　　D. 效率高

3. 由励磁绕组形成磁场的直流电动机,根据励磁绕组和电枢绕组的连接方式的不同,分为(　　)。

　　A. 他励电动机　　　　　　　　　　　B. 并励式电动机

　　C. 串励式电动机　　　　　　　　　　D. 复励式电动机

4. 电机控制系统一般由(　　)组成。

　　A. 电动机　　　　　　B. 功率变换器　　C. 传感器　　　　　D. 控制器

5. 直流电动机的特点有(　　)。

　　A. 调速性能好　　　　B. 起动转矩大　　C. 控制简单　　　　D. 易磨损

6. 位置传感器有(　　)。

　　A. 旋转变压器　　　　　　　　　　　B. 光电编码器

　　C. 霍尔位置传感器　　　　　　　　　D. 功率变换器

7. 开关磁阻电机控制系统主要由(　　)等组成。

　　A. 功率变换器　　　　B. 控制器　　　　C. 位置传感器　　　D. 逆变器

8. 按励磁方式的不同,直流电动机分为(　　)。

　　A. 励磁绕组式电动机　　　　　　　　B. 永磁式电动机

　　C. 有刷直流电动机　　　　　　　　　D. 无刷直流电动机

9. 要使电动汽车具有良好的使用性能,驱动电动机应该满足(　　)。

　　A. 较宽的调速范围、较高的转速　　　B. 足够大的起动扭矩、体积小

　　C. 动态制动性强、质量轻　　　　　　D. 能量回馈、效率高

10. 电动汽车常用的驱动电机有(　　)。

　　A. 直流电机　　　　　　　　　　　　B. 交流异步电机

　　C. 永磁同步电机　　　　　　　　　　D. 开关磁阻电机

三、判断题(每题 1 分,共 11 分)

1. 用来产生磁通的电流叫励磁电流。(　　)

2. 整流电路是利用二极管的单向导电性将交流电转换成脉动直流电的电路。(　　)

3. 无刷直流电机是一种不使用机械结构换向电刷而直接使用电子换向器的新型电机。(　　)

4. 交流感应电动机的转子包括转子铁心和转子绕组。(　　)

5. 由永磁体形成磁场的电动机叫永磁式直流电动机。(　　)

6. 车载充电机是整流电路在新能源汽车上的典型应用,其功能是将电网单相交流电变换为直流电给动力蓄电池充电。(　　)

7. 永磁同步电动机的转子为永磁体。通过霍尔传感器可以检测转子磁场强度,确定转子位置。(　　)

8. 交流感应电动机通常按转子结构和定子绕组相数进行分类。(　　)

9. 整车控制器通过 CAN 总线给电机控制器信号控制驱动电机工作于驱动与发电模式,实现对汽车的正常行驶与制动。(　　)

10. 交流感应电动机又称为交流异步电动机。(　　)

11. 永磁同步电动机具有高效、高控制精度、高转矩密度、良好的转矩平稳性及低振动噪声的特点。(　　)

　四、简答题(第 1、2 题 6 分,第 3 题 8 分,共 20 分)

1. 驱动电机型号由哪些部分组成?

2. 电动汽车对驱动电机的特性要求有哪些?

3. 交流感应电机的性能特点有哪些?

项目 4

充电系统

4.1 充电系统认知

充电系统是纯电动汽车不可缺少的子系统之一。就像在手机没有电量时,需要通过手机充电器给手机充电一样,在纯电动汽车没有电量时,也需要通过充电系统为其充电。因此,充电系统的作用是将电网的电能转化为纯电动汽车动力电池的电能,以使动力电池有足够的电能长期给车辆供电。

4.1.1 充电方式

1. 常规充电方式

常规充电方式是以较小的电流根据动力电池的充电曲线进行充电,充电时间通常为8～10h,因采用恒流、恒压充电方式对蓄电池动力电池充电,使整个充电过程更接近动力电池的固有特性,可有效避免动力电池的过充和欠充问题。小电流充电方式主要应用于家庭充电场合,典型的充电电流约为15A,充电时间为8～10h(充到95%以上)。这种充电方式对电网没有特殊要求,直接从家用电路安装充电桩取电,充电功率小,一般为1～3kW。

2. 快速充电方式

快速充电又称应急充电,是以较大电流短时间在电动汽车停车的20min～2h,为其提供短时充电服务,一般充电电流为150～400A。快速充电不同于常规充电所采用的恒流、恒压充电方式。该充电方式是以150～400A的大电流对动力电池进行恒流充电,力求在短时间内充入较大的电量,充电时间应该与燃油车的加油时间接近,主要应用于大型充电站。

3. 换电方式

动力电池组快速更换,通过直接更换电动汽车的动力电池达到为其充电的目的。动力电池快速更换的时间与燃油汽车加油时间相近,需要5～10min,快换可以在充电站、换电站完成,电动汽车动力电池不需现场充电,但是需要电动汽车的动力电池实现标准化,即动力电池的外形、容量等参数完全统一,同时,要求电动汽车的构造设计能满足更换动力电池的方便性、快捷性。由于动力电池重量较大,更换动力电池的专业化要求较强,需配备专业人员借助专业机械快速完成动力电池的更换。

4.1.2 充电系统组成

1. 慢充系统

慢充系统(图 4-1)使用交流 220V 单相电,通过车载充电机进行整流变换,将交流电

充电系统
基本认知

交流充电
桩使用

变换为高压直流电给动力电池进行充电。慢充系统主要部件：供电设备(电缆保护盒、充电桩、充电线等)、慢充接口、慢充线束、车载充电机、高压配电盒(高压控制盒)等。

(1)供电设备：一般由慢充桩(图4-2)和交流充电枪组成，也可由民用电源和家用交流慢速充电线组成。慢充桩是充电桩的一种，充电桩的功能类似于加油站里面的加油机。它可以固定在地面或墙壁上、安装于公共建筑(公共楼宇、商场、公共停车场等)和居民小区停车场或充电站内，可以用不同的电压等级为各种型号的纯电动汽车充电。充电桩的输入端与交流电网直接连接，输出端装有充电插头用于为纯电动汽车充电。

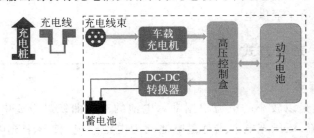

图4-1　慢充系统

(2)慢充接口：慢充接口(图4-3)是用于连接充电枪和电动汽车的充电部件，是充电系统的必备设备，充电接口在充电过程中与充电插座进行结构耦合，从而实现电能的传输。

图4-2　慢充桩

图4-3　慢充接口

(3)慢充线束：慢充线束(图4-4)用于连接慢充接口与车载充电机，将慢充桩输入的220V交流电输送至车载充电机。

(4)车载充电机(图4-5)：可将220V交流电转换成动力电池所需的高压直流电。通过CAN总线与BMS通信，获取动力电池系统的参数，并判断动力电池系统的连接状态是否正常；通过CAN总线与VCU通信，将自己的工作状态、工作参数和故障信息传给VCU，并接收来自VCU的起动充电或停止充电等控制命令。

图 4-4　慢充线束

图 4-5　车载充电机

（5）高压控制盒（图 4-6）：高压控制盒用于整车的高压配电管理，可分别对各电能输出电路进行控制，并具有过电流保护、过电压保护、高温保护等功能。高压控制盒内部一般包含 PTC 控制器及一些部件的高压线路的熔断器，如车载充电机、DC-DC 转换器、空调压缩机、PTC 加热器等高压线路的熔断器。此外，高压控制盒通过 CAN 总线与 VCU 通信，可与 VCU 实时交换数据。

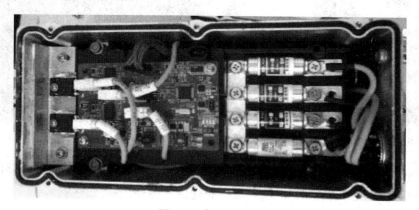

图 4-6　高压控制盒

2. 快充系统

快充系统(图 4-7)一般使用工业 380V 三相交流电,将其转换为高压直流电后,直接为动力电池充电。根据充电场所和充电需求的不同,地面充电机主要应用于家庭、充电站及各种公共场所。为了满足动力电池的各种充电方式,通常地面充电机的功率、体积和重量都比较大,一般设计为大充电功率。快充系统主要部件有供电设备包括电缆(保护盒、充电桩、充电线等)、快充接口、快充线束、高压控制盒等。

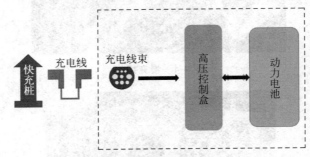

图 4-7　快充系统

直流充电
桩使用

（1）供电设备：由直流快充桩(图 4-8)和直流充电枪组成,可将 380V 的三相交流电转换成动力电池所需的高压直流电。

（2）快充接口(图 4-9)：快充接口是用于连接直流充电枪和电动汽车的充电部件,共有 9 个端子。

（3）快充线束：用于连接快充接口与直流充电桩,将快充桩输入的高压直流电输送至动力电池。

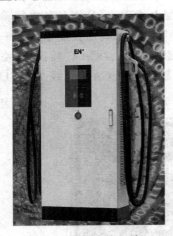

图 4-8　直流快充桩

图 4-9　快充接口

（4）高压控制盒：将由快充线束输入的高压直流电输送给动力电池,同时对动力电池的电能输出及电能分配进行管理,实现对支路用电器的保护。

4.1.3　充电接口

1. 慢充接口

根据不同品牌或车型,慢充接口位置有所不同,常见于车辆的左后或右后轮上侧,慢充接口共包含 7 个端子,如图 4-10 所示。

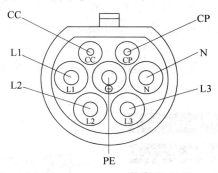

图 4-10　慢充接口

L1—交流电源(单相);L2—交流电源(三相);L3—交流电源(三相);N—中线;PE—保护接地(PE),
连接供电设备地线和车辆电平台;CC—充电连接确认;CP—控制导引

2. 快充接口

不同车型的快充接口位置不同,北汽新能源车型的快充接口设置在前中央车标的后方,有的车型将快充接口布置在前翼子板一侧,还有的则与大部分燃油车一样,布置在后翼子板上,快充接口共包含 9 个端子,如图 4-11 所示。

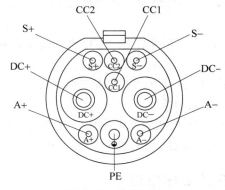

图 4-11　快充接口

DC+—直流电源正;DC-—直流电源负;PE—保护接地(PE);S+—充电通信 CAN_H;S-—充电通信 CAN_L;
CC1—充电连接确认;CC2—充电连接确认;A+—低压辅助电源正;A-—低压辅助电源负

回顾与总结

通过本节的学习,我们已经解决了本项目的第 1 个问题:新能源汽车充电系统由哪些部件组成?接下来请同学们完成后续内容的学习,解决下一个问题:充电过程中,充电系统是如何工作的?

4.2 充电系统工作原理

4.2.1 快充系统工作过程

充电系统
工作原理

直流快充系统的充电过程主要分为充电准备阶段、充电阶段及充电结束阶段。其中充电准备阶段主要是快充桩与车辆控制装置进行充电确认。具体的工作过程如图4-12所示。

（1）快充枪与快充口物理连接：充电枪与直流充电桩连接，充电桩通过充电枪为电动汽车提供稳定的高压直流电源。

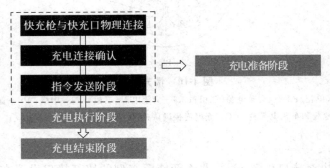

图4-12　快充系统工作过程

（2）充电连接确认：充电枪与车辆快速充电接口连接后，整车控制器（VCU）通过充电连接确认线CC（充电连接确认）检测接口连接状态，若连接正确，则唤醒车辆内部的充电系统电路和部件。

（3）指令发送阶段：若检测到充电需求，VCU会向高压控制盒发送指令，接通动力蓄电池与直流充电桩间的高压电路，开始充电过程。

（4）充电执行阶段：在充电过程中，VCU将充电状态信息发送给仪表显示，同时，外部直流电通过充电桩充入动力蓄电池。

（5）充电结束阶段：当BMS检测到充电完成时，会向VCU发送指令，快速充电系统停止工作，断开与动力蓄电池的连接，完成整个充电过程。

4.2.2 快充系统工作原理

直流快充
充电桩插
头触电耦
合顺序

快充系统工作原理如图4-13所示。快充系统分为非车载充电机、车辆接口、电动汽车3个部分，K3、K4为低压电源控制开关，K1、K2和K5、K6为高压继电器开关，检测点1用于检测电压是否正常，以测试充电系统是否正常运行。

1. 快充枪与快充口物理连接

快充枪与快充口物理连接（图4-14）过程如下：当充电枪插入快充桩充

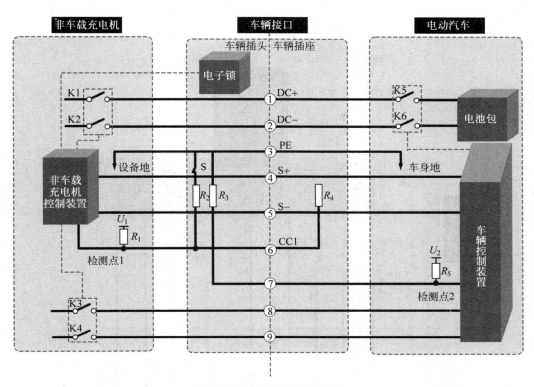

图 4-13 快充系统工作原理

电接口后,充电连接确认信号 CC1 参考电压由 12V 变为 4V(充电枪未插入或按下开关插入状态为 6V),充电桩确认充电枪连接正确。车辆通过 CC2 确认充电枪连接状态,准备直流供电。

2. 充电连接确认

充电连接确认(图 4-15)过程如下:快充桩将 K3、K4 继电器闭合,充电桩输出 12V 低压唤醒电源至车辆控制器,两者辨认成功之后,整车控制器(VCU)报送动力电池管理系统 BMS 的充电需求,充电桩报送供电能力,两者成功匹配。

3. 指令发送阶段

闭合 K1、K2 做绝缘检测,监测合格后断开 K1、K2,充电控制器发送通信握手报文。车辆接受充电控制器发送的报文后,进行车辆充电侧检测,VCU 和 BMS 向高压控制盒发送指令,控制动力电池高压继电器 K5、K6 闭合,检测合格后发送充电需求。此时,直流充电桩的充电控制器控制 K1、K2 闭合,接通动力电池与直流充电桩间的高压电路,开始充电过程。

4. 充电执行阶段

充电过程中,直流充电桩与 VCU 互相通过 CAN 总线发送状态信号,车辆控制装置实时发送充电需求,直流充电桩根据参数实时调整输出电压电流,VCU 将充电状态信息发送给仪表显示实时充电状态。

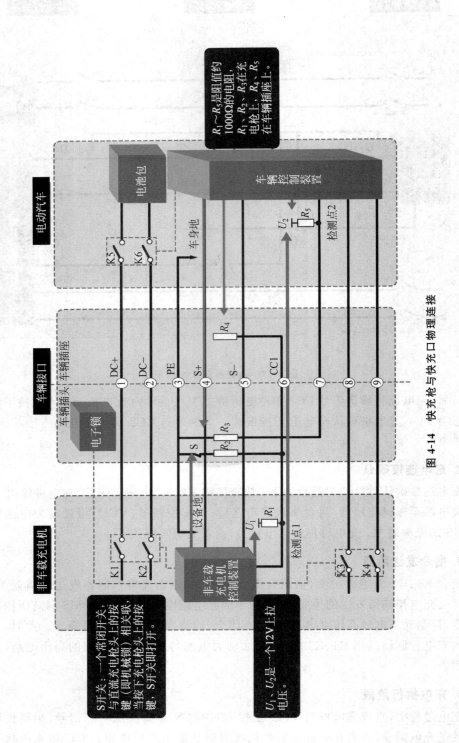

图 4-14　快充枪与快充口物理连接

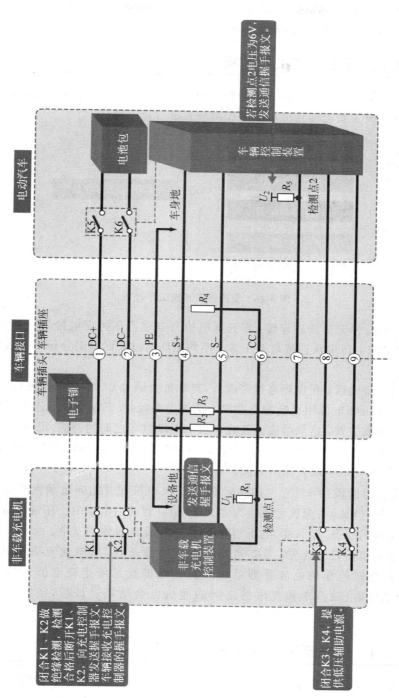

图 4-15　充电连接确认

5. 充电结束阶段

当充电电流小于 5A 或充电枪物理连接断开后，VCU 及直流充电桩判断充电结束，断开 K1、K2、K5、K6，充电截止，断开 K3、K4，充电完成。

 4.2.3　慢充系统工作过程

交流慢充系统工作过程（图 4-16）主要分为充电准备阶段、充电阶段及充电结束阶段，其中充电准备阶段主要是慢充桩与车辆控制装置进行充电确认。

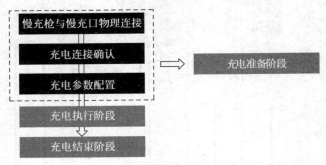

图 4-16　交流慢充系统工作过程

（1）慢充枪与慢充口物理连接：慢充充电枪与电动汽车的充电接口完全连接。连接后，通过检测点的电压确认连接是否正常。不同电压通过不同电阻分压获得，以确保连接的可靠性。

（2）充电连接确认：在物理连接完成后，充电桩会通过 CC 接口向电动汽车提供低压辅助供电。这个低压电源用于唤醒电动汽车的充电系统，使其从休眠状态中激活。

（3）充电参数配置：这个阶段涉及充电桩和电动汽车之间的通信，以确认两者都准备好进行充电。通过 CC 和 CP（充电控制确认）线进行信号交换，确认充电枪电缆规格允许的充电电流，以及充电桩最大输出电流。

（4）充电执行阶段：一旦充电参数配置完成，充电桩便开始向电动汽车供电，电动汽车的车载充电机（OBC）将交流电转换为直流电，储存到动力电池中。在这个阶段，充电桩会持续监控电池的状态，如温度、电压和电流，以确保充电过程的安全。

（5）充电结束阶段：首先，当电池充电达到预设条件（如电池充满或达到预定的充电时间）时，电动汽车的电池管理系统会向充电桩发送停止充电的信号。其次，充电桩会切断电源，电动汽车和充电桩之间的通信也会结束。最后，拔出充电枪，完成整个充电过程。

 4.2.4　慢充系统工作原理

慢充系统工作原理（图 4-17）如下：充电桩中的供电控制装置通过检测 CC 连接确认信号后，把 S1 开关从 12V 端切换到 PWM 端；当检测点 1 电压降到 6V 时，充电桩控制 K1、K2 开关闭合输出电流。

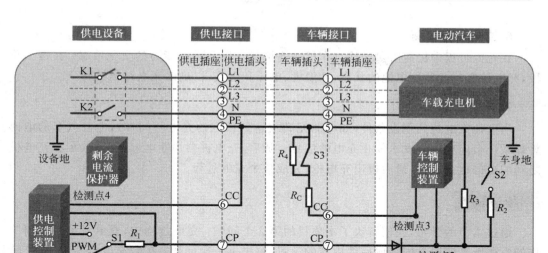

图 4-17 慢充系统工作原理

1. 连接充电设备

首先,将交流充电桩与电动汽车的充电接口连接。其次,确认连接状态通过车辆控制装置检测点 3 和 PE 之间的电阻进行判断。最后,当监测到的阻值与 R_C 阻值相等时,证明 S3 已经闭合,慢充口与充电线正确连接。

2. 低压控制电路激活

充电桩通过 CC 线向车辆提供低压辅助电源,以唤醒车辆的电池管理系统(BMS)和车载充电器(OBC)。

3. 充电参数配置

充电桩和车辆之间通过 CC 和 CP 线进行"握手",以确认充电参数,如最大充电电流和电压。这一步骤确保了充电过程的兼容性和安全性。

4. 充电准备就绪

充电桩和车辆需确认充电线两端都已正常连接。供电设备将开关 S1 从 12V 切换到 PWM 连接状态,发出占空比信号,车辆控制装置通过测量检测点 2 是否有占空比确认充电线是否正常连接。而供电控制装置则通过测量检测点 1 的电压进行连接状态判断。在车载充电机自检完成且无故障并且电池组处于可充电状态,顺利发出"充电请求"的情况下,车辆控制装置闭合开关 S2,车辆充电准备就绪。

5. 充电执行

车辆准备就绪的信号会通过检测点 1 的电压值变化被供电控制装置知晓,当供电控制装置检测到检测点 1 的峰值电压变为 6V 时,控制开关 K1 和 K2 闭合,交流电到达车载充电机。车载充电机开始对电动车进行充电。

6. 充电过程监测

在充电过程中仍需阶段性检查车桩的连接状态以及供电能力的变化情况。在这个阶段，充电桩会持续监控电池的状态，如温度、电压和电流，以确保充电过程的安全。

7. 充电结束

当电池充电达到预设条件（如电池充满或达到预定的充电时间）时，电动汽车的电池管理系统会向充电桩发送停止充电的信号。随后，充电桩会切断电源，电动汽车和充电桩之间的通信也会结束，最后拔出充电枪，完成整个充电过程。

回顾与总结

通过本节的学习，我们解决了本项目的第 2 个问题：充电过程中，充电系统是如何工作的？接下来请同学们完成后续内容的学习，解决下一个问题：车载充电机与 DC-DC 转换器的工作原理是什么？

4.3 车载充电机及 DC-DC 转换器

4.3.1 车载充电机的功能及结构

车载充电机（图 4-18）的主要功能是采用高频开关电源技术，将交流 220V 市电转换为高压直流电给动力电池进行充电，保证车辆的能源补给。

车载充电机原理及检修

图 4-18 车载充电机

1. 车载充电机的功能

（1）变压功能：车载充电机先将输入的 220V 交流电整流为直流电，然后进行逆变升压，最后将变压器输出的交变电流整流滤波为平稳的直流电后输入动力电池进行充电。

车载充电
机结构
展示

（2）通信功能：车载充电机在工作过程中需要与充电桩、BMS、VCU 等部件进行通信。判断电池连接状态是否正确，获得电池系统参数及充电前和充电过程中整组和单体电池的实时数据。

（3）保护功能：车载充电机具备完善的安全防护措施，能够及时识别电路欠电压、过电压、过电流等故障现象，并能根据动力电池需求调节输出功率。

2. 车载充电机输入、输出端口

（1）交流输入端：连接从交流充电插座进来的连接器。

（2）直流输出端：车载充电机输出到电池的端口。

（3）低压控制接口：车载充电机与 BMS 和外部连接的低压接口，通常为 12V。

3. 车载充电机电路

车载充电机电路（图 4-19）主要包括主电路、控制电路及线束和标准件等。

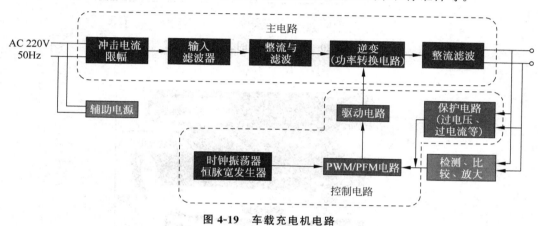

图 4-19　车载充电机电路

（1）主电路（功率电路）：主电路的前端将交流电转换为恒定电压的直流电，主要是全桥电路＋PFC 电路，后端为 DC-DC 转换器，将前端转出的直流高压电转换为合适的电压及电流供给动力电池。

（2）控制电路：控制 MOS 管的开关、与 BMS 之间的通信、监测充电机状态等。

（3）线束和标准件：用于主电路与控制电路的连接，固定元器件及电路板。

4.3.2　车载充电机的工作原理

车载充电机的工作原理（图 4-20）较为简单，其过程主要分为升压、全波整流、滤波及稳压 4 个阶段。当交流电源正半周期输入时，首先通过变压器将交流电升压、经过上端二极管进行全波整流得到高压直流电，再经过电感和电容进行滤波和稳压后输出平稳的直流电到动力电池。当交流电源负半周期输入时，主要的区别在于升压后通过下端的二极管整流为直流电。

车载充电机工作原理

4.3.3　车载充电机的安装及拆卸

1. 车载充电机的位置

车载充电机的位置（图 4-21）一般位于车身前侧机舱，既可以独立安装，也可以与其他部件集成安装。

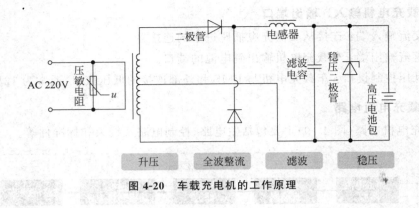

图 4-20 车载充电机的工作原理

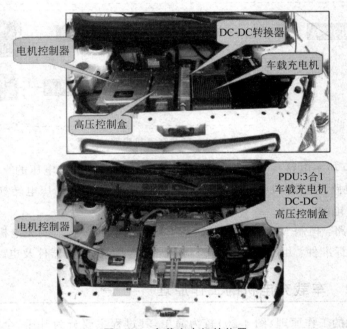

图 4-21 车载充电机的位置

2. 车载充电机的拆卸

（1）检查并确认车辆停放，安装好车辆防护套。

（2）确认驻车制动，确认车辆处于空（N）挡状态。

（3）关闭点火开关，将钥匙放在口袋内。

（4）断开蓄电池负极（图 4-22），并做好绝缘保护，等待 5min。

（5）断开维修开关（图 4-23），查找维修手册，找到维修开关，按前面所学的方式断开高压维修开关。

（6）断开低压、高压端子（图 4-24），拔下车载充电机的慢充交流低压信号端子和高压输入端。

图 4-22 断开蓄电池负极

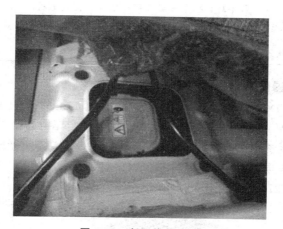

图 4-23 断开维修开关

图 4-24 断开低压、高压端子

（7）拆下车载充电机的 4 个固定螺栓（图 4-25）。

（8）拆下车载充电机。

安装车载充电机时，按照与拆卸车载充电机相反的顺序进行即可。

图 4-25 拆下车载充电机的 4 个固定螺栓

  4.3.4 DC-DC 转换器

1. DC-DC 转换器的功能

DC-DC
转换器

DC-DC 转换器(图 4-26)可将动力电池组的高电压有效转换为稳定的 12V、14V 或 24V 低电压,该装备不仅能为全车电器提供电力支持,还能为辅助蓄电池充电。在纯电动汽车体系中,DC-DC 转换器扮演着类似于传统燃油车上发电机和电压调节器的角色,具体来说 DC-DC 转换器在系统中的功能(图 4-27)主要如下。

图 4-26 DC-DC 转换器

DC-DC
功能检查

(1)电压转换:DC-DC 转换器能够将车辆的动力电池的高电压转换成 12V、14V、24V 等低电压,供给车辆上的电器使用。

(2)稳压:DC-DC 转换器通过闭环控制系统,确保电压的稳定性。

(3)供电:为车辆的动力系统、空调系统、多媒体系统、灯光系统等提供电力。

(4)充电:既能给车辆上的电器充电,也能给车辆的辅助蓄电池充电。

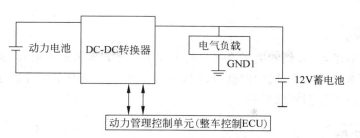

图 4-27　DC-DC 转换器在系统中的功能

2. DC-DC 转换器接口

（1）高压输入端：连接从动力电池进来的高压直流电的端口。

（2）直流输出端：DC-DC 转换出来的 12V 低压直流电输出到蓄电池的端口。

（3）低压控制接口：DC-DC 与整车控制器外部连接的低压接口，一般包括控制电路电源正负极引脚及状态信号输出引脚。

3. DC-DC 转换器的工作原理

DC-DC 转换器动力电池输出的高压直流电通过逆变电路将高压直流电转换为交流电，经变压器降压为 12V 的低压交流电，最后经过整流器及滤波电路输出为平稳可靠的 12V 低压直流电，给电动汽车低压用电设备供电及辅助蓄电池充电（图 4-28）。

DC-DC 转换器工作原理

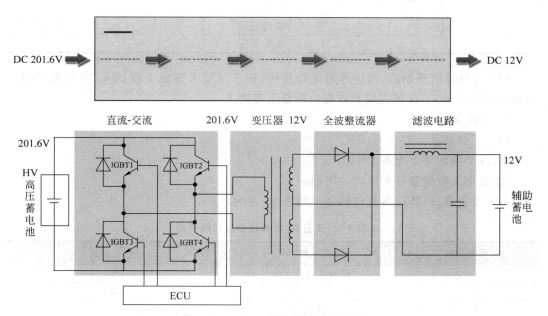

图 4-28　DC-DC 转换器的工作原理

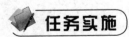

通过本节的学习,我们解决了本项目的第 3 个问题:车载充电机与 DC-DC 转换器的工作原理是什么?接下来,同学们就可以利用自己所学的知识完成情景导入中的充电系统的检测了。祝同学们实践顺利。

电动汽车
交流充电
口检测

1. 小组协作

请同学们按表 4-1 的提示,根据各自的专长进行分工,相互协作完成工作任务。

2. 操作考核

1)任务描述

(1)在实训车辆上,检测电动汽车交流充电口,并记录测量结果,判断交流充电口是否正常。

表 4-1　小组分工表

组　　名	成 员 名	专　　长	期望成长点
		动手操作	
		理解思考	
		文献阅读	
		数据处理	
		拍摄记录	
		统筹安排	

(2)考试计时开始后,考生才可进行操作,按考题要求完成工作任务,并将考试相应内容记录在工单上,任务完成整理场地后结束考试。

2)实施条件

(1)工位要求。

① 每个场地要求配备 1～2 个工位。

② 每个工位配备分类回收垃圾桶。

(2)工量具、仪器设备及材料清单如表 4-2 所示。

表 4-2　工量具、仪器设备及材料清单

序号	名　　称	备　　注
1	绝缘工具车	1 辆
2	数字万用表	1 块
3	北汽新能源	1 台
4	防护设备	1 套
5	举升机	1 台

续表

序号	名　称	备　注
6	电胶布	1 卷
7	工单	学生填写检测数据

3）操作时限

考核时限：45 分钟。

4）实操评分标准

"电动汽车交流充电口检测"实操评分标准如表 4-3 所示。

表 4-3　"电动汽车交流充电口检测"实操评分标准

序号	考核项目	配分	扣分标准（每项累计扣分不超过配分）
1	安全文明否决		造成人身、设备重大事故（如未断高压母线开始工作），或恶意顶撞考官、严重扰乱考场秩序，立即终止考试,此题计 0 分
2	安全文明生产	20 分	（1）操作前不检查设备、工具、量具、零件（含被考官提醒），每次扣 3 分。 （2）工量具与零件混放，或摆放凌乱，每次每处扣 1 分。 （3）工量具或零件随意摆放在地上，每次扣 1 分。 （4）工具洒落在地面或零部件表面未及时清理，每次扣 1 分。 （5）竣工后未清理工量具，每件扣 1 分。 （6）竣工后未清理考核场地，扣 2 分。 （7）不服从考官、出言不逊，每次扣 5 分
3	工量具准备	10 分	（1）工量具每少准备 1 件扣 2 分。 （2）工量具选择不当，每次扣 4 分。 （3）未铺车内、外三件套和车轮挡块扣 4 分
4	维修手册检阅	10 分	（1）不能正确检阅维修手册扣 5 分。 （2）不能正确填写交流充电口绝缘电阻数值,每次扣 5 分
5	高压安全防护设备的穿戴	10 分	（1）不检查护目镜扣 2 分,不戴护目镜扣 2 分。 （2）不检查绝缘手套扣 3 分,不戴绝缘手套扣 3 分。 （3）不检查安全帽扣 2 分,不戴安全帽扣 2 分。 （4）不检查绝缘鞋扣 2 分,不穿绝缘鞋扣 2 分
6	数字万用表的使用	10 分	（1）没做外观检查扣 2 分。 （2）没做开路检查扣 3 分。 （3）没做短路检查扣 3 分。 （4）不能判断检测结果每次扣 2 分
7	绝缘电阻测试仪使用	15 分	（1）没做外观检查扣 3 分。 （2）没做开路检查扣 4 分。 （3）没做短路检查扣 4 分。 （4）不能判断检测结果每次扣 4 分
8	用绝缘电阻测试仪测量交流充电口绝缘电阻	20 分	（1）数字万用表测量引线连接不正确每次扣 1 分。 （2）测量部位每错一次扣 1 分。 （3）绝缘电阻测量每错一次扣 2 分。 （4）被测绕组没对地放电每次扣 1 分

序号	考核项目	配分	扣分标准（每项累计扣分不超过配分）
9	维修记录	5分	（1）维修记录字迹潦草扣2分。 （2）填写不完整，每项扣1分
	合　计	100分	

5）操作工单

"电动汽车交流充电口检测"操作工单如表 4-4 所示。

表 4-4　"电动汽车交流充电口检测"操作工单

一、准备工作

项　　目	情　况　记　录
（1）工量具设备准备	
（2）测量仪器准备	
（3）实训车辆准备	
（4）维修手册准备	

二、操作过程

要求：会正确识读汽车维修手册；会正确使用数字万用表；能测量电动汽车交流/直流充电口的绝缘电阻；能用数字万用表检测充电枪的电阻，判断该充电枪的充电电流

高压安全场地的围护	1. 检查并安放安全警示牌。 2. 检查并放置绝缘垫
数字万用表的使用	1. 选用合适的数字万用表。 2. 外观检查、表笔检查。 3. 平放数字万用表，做开路和短路检查。 4. 此数字万用表能否正常使用？（能/否）□能 □否
高压安全防护设备的穿戴	1. 检查并佩戴护目镜。 护目镜镜面有无划花：　　□有　　　　□无 护目镜镜架螺钉是否松动：　□是　　　　□否 护目镜镜架有无断裂：　　□有　　　　□无 2. 检查并佩戴绝缘手套。 绝缘手套有无针眼、砂孔、裂纹、断裂：□有　　□无 绝缘手套有无粘连：　　　　□有　　　□无 绝缘手套有无漏气：　　　　□有　　　□无 耐压值：＿＿＿＿＿＿ V 3. 检查并佩戴安全帽。 安全帽有无针眼、砂孔、裂纹、断裂：□有　　□无 4. 检查并穿戴绝缘鞋。 绝缘鞋有无开裂、断裂、脱胶：　□有　　　□无 耐压值：＿＿＿＿＿＿ V
用数字万用表测量交流充电口 CC-PE 间的阻值	用数字万用表测量交流充电口 CC-PE 间的阻值： （1）用数字万用表测量交流充电口 CC-PE 间的电阻，阻值为＿＿＿＿＿＿ Ω。 （2）根据 CC-PE 间的电阻，判断充电桩的功率为＿＿＿＿＿＿ kW。 （3）判断充电口是否正常：□是；　　□否

	用数字万用表测量交流充电口对地的绝缘电阻:
用数字万用表测量交流充电口绝缘电阻	(1) 测量 L 对地(PE)之间的绝缘电阻,阻值为 _____ MΩ,测试完成后,将 L 对地放电。 (2) 测量 N 对地(PE)之间的绝缘电阻,阻值为 _____ MΩ,测试完成后,将 N 对地放电。 (3) 判断是否绝缘:□是;　　□否

3. 评价总结

请参照表 4-5 对本任务实施活动中自己的综合表现进行最终评分。

表 4-5　任务实施最终评分表

要　求		分值	自评(25%)	互评(25%)	教师评价(50%)
综合素质	思维能力	能够从不同的角度提出问题,并考虑解决问题的方法	5 分			
	自学能力	能够通过自己已有的知识经验独立地获取新的知识信息	5 分			
	创新能力	能够跳出固有的课内课外的知识,提出自己的见解、培养自己的创新性	15 分			
	表达能力	能够正确地组织和表达自己的意见与看法	15 分			
	合作能力	能够与小组成员团结合作、友好沟通,共同完成任务	5 分			
	学习方法	能够根据本任务调整自己的学习方法与思路	5 分			
职业技能	课内实操	能够按照标准流程完成本任务的操作考核	40 分			
	课外实操	能够完成其他车型的充电系统检测及拆装 充电系统检测维修(比亚迪 E5)	10 分			

最终得分:

110

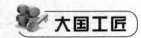

勤学苦练、精益求精

——杨金龙：打破 0.01mm 的极限为汽车着色

杨金龙研究了一种用于汽车喷漆的水性涂料，通过不断尝试探索出新的技术参数。作为汽车喷漆技师，他认为，汽车的颜色里也藏着精益求精的技能奥秘。中国青年技师杨金龙在 21 岁的时候，打破了 0.01mm 的极限，为中国在世界技能大赛上实现了汽车喷漆项目金牌零的突破。

1994 年出生的杨金龙成长于云南保山农村家庭，家里靠父母务农维持生计。中考失利后，他抱着想学一门技术、早点帮家里减轻负担的想法，进入保山市隆阳区职业技术学校学习汽车维修。一年后，通过选拔，来到杭州技师学院学习汽车喷漆与整形专业。杨金龙在杭州技师学院期间，获得了多项省级和国家级的汽车涂装奖项，成为专业领域的"黑马"。毕业后，他在汽车 4S 店和油漆供应商处工作，学习调色，并于 2014 年加入杭州技师学院教师团队，成为最年轻的教师。同年，他参加了第 43 届世界技能大赛国内选拔赛，向冠军发起挑战。

世界技能大赛被誉为"技能界的奥林匹克"，竞技水平代表着世界先进水平。杨金龙参加的汽车喷漆项目要求喷涂厚度标准为 0.13mm，误差仅允许 0.01mm。在高温下，他穿着严实的工作服，每天汗流浃背，换七八套衣服，但他从不叫苦。他把比赛看作人生中的高考，努力追求匠人的极限。

2015 年，杨金龙在巴西圣保罗的世界技能大赛上夺得汽车喷漆项目金牌，为中国在该项目上实现了金牌零的突破。尽管收获了关注和成绩，他依然坚守最初的梦想：当一名教师，反哺母校，继续精修技能。2018 年，他当选全国人大代表，为技能人才的成长发声，提交了多份议案，包括设立"全国工匠日"的建议，已得到国家相关部门的重视。

杨金龙荣获"全国五一劳动奖章"，并决定继续立足汽车喷漆岗位，钻研技术、教书育人，为我国汽车喷漆行业培育更多高技能人才，为行业的发展贡献力量。他的故事激励着无数青年技工追求卓越，展现了工匠精神在现代社会的重要价值。

资料来源：李婧怡.【中国梦·大国工匠篇】杨金龙：打破 0.01 毫米的极限为汽车着色[R/OL].(2021-12-14)[2024-11-15]. https://qclz.youth.cn/znl/202112/t20211214_13351757.htm.

 项目测验

 一、单选题(每题 3 分，共 30 分)

1. 充电电流小于( )A 时，才能断开充电桩和动力电池的充电电路。
   A. 5　　　　　　B. 30　　　　　　C. 100　　　　　　D. 150

2. 交流充电正常充电时,CP 的占空比为( )。

    A. 0   B. 0.05   C. 10%～90%   D. 1

3. 交流充电桩检测点 1 在正常充电时为( )。

    A. 0V   B. 9V   C. 12V   D. PWM

4. 交流充电车辆控制装置检测点 3 在正常充电时为( )。

    A. ∞ B. $R_C + R_4$ C. R_C D. 0

5. 纯电动汽车车载充电机的输出电压是( )。

    A. 直流 12V   B. 交流 220V   C. 交流 380V   D. 直流>300V

6. 非车载充电机输入电压为( )。

    A. 380V 交流电   B. 220V 交流电

    C. 380V 单相交流电   D. 380V 三相交流电

7. 直流充电桩与车辆通信采用( )。

    A. 信号线 A+   B. 快充 CAN

    C. 信号线 CC1   D. 信号线 CC2

8. 交流充电接口 L 端子的定义是( )。

    A. 三相交流电 U   B. 三相交流电 V

    C. 三相交流电 W   D. 三相交流电"中性"

9. 交流充电接口 CC 端子的定义是( )。

    A. 车辆控制装置连接确认   B. 充电桩连接确认

    C. 接地(搭铁)   D. 三相交流电"中性"

10. 直流充电桩的输入电压采用( ),频率为 50Hz,输出可调的直流电,直接为电动汽车的动力电池充电。

    A. 380V 交流电   B. 220V 交流电

    C. 380V 直流电   D. 220V 直流电

二、填空题(每题 3 分,21 分)

1. 预充电路主要包括_____和_____,及预充电路的高压回路。

2. 新能源动力电池的充电过程可分为_____、_____、恒压充电 3 个阶段。

3. 电动汽车的充电方式可分为_____、_____、电池快换及无线充电。

4. 在快充接口中,_____为充电桩的充电连接确认信号,_____为快充接口的连接确认信号。

5. 预充继电器触点线路和预充电阻的连接方式是_____。

6. 额定容量为 1000mA·h 的电池,以 0.2C 充电,其充电电流为_____A;以 0.5C 放电,其放电电流为_____A。

7. 纯电动汽车的高压系统主要包括_____、_____、_____、_____、高压配电箱、电动压缩机、PTC 加热器、_____、_____、高压维修开关、高压线束和充电口等高压部件,它们大多布置在车辆的_____和_____。

112

 三、判断题(每题 3 分,共 36 分)

1. 常规充电是直流充电。(　　)

2. 快速充电是交流充电。(　　)

3. 预充流程在放电和充电的初期,先闭合预充继电器进行预充电,预充电完成后断开预充继电器。(　　)

4. 快速充电可满足电动汽车的紧急充电需求。(　　)

5. 为防止车辆充电过程中充电枪丢失,车辆具有充电枪锁止功能。(　　)

6. 快速充电的特点是充电桩成本较低,安装比较简单。(　　)

7. 镍氢蓄电池的充电接受性很差,充电效率仅能达到 90%。(　　)

8. 常规充电可以利用负荷低谷时段进行充电,成本相对较低。(　　)

9. 直流快充充电电流较大,对充电的可靠性和安全性要求较高。(　　)

10. 一般锂电池充电电流越大,充电越快,同时电池发热也越大。(　　)

11. 吉利 EV300 动力电池控制器中,预充继电器与总正继电器并联。(　　)

12. 如果电池充放电不均衡,将严重影响动力蓄电池的性能。(　　)

四、简答题(第 1 题 6 分,第 2 题 7 分,共 13 分)

1. 简述快充系统与慢充系统的区别。

2. 简述新能源汽车快充口与慢充口的端子含义。

项目 5

整车控制系统

◎ **情景导入**

　　任务引入：一辆纯电动汽车打开起动开关后，仪表盘上出现故障灯点亮，不显示 READY，换挡旋钮旋至 D 位或 R 位，车辆均无法行驶。通过拖车服务送到维修站后，维修技师通过故障诊断仪检测，发现挡位信号一直显示为 P 挡，判定为整车控制系统出现故障，若你是技术维修人员，应该如何向客户解释并维修该故障呢？

　　引导问题：电动汽车的换挡过程是如何实现的？整车控制系统的控制原理是什么？

　　问题分析：要完成以上任务，则必须掌握以下内容。

　　(1) 什么是整车控制系统？

　　(2) 整车控制系统的结构是怎样的？

　　(3) 整车控制系统的控制原理是什么？如何对整车控制系统进行常规检修？

接下来我们就通过知识储备完成以上 3 项内容的学习。

◎ **学习目标**

知识目标：

(1) 认识整车控制系统。

(2) 掌握整车控制系统的控制原理。

(3) 掌握整车控制系统的常规检修方法。

能力目标：

(1) 能说出整车控制器的功能及控制原理。

(2) 检修整车控制系统故障。

素质目标：

养成团队合作意识和安全操作意识。

知识储备

 5.1　整车控制系统认知

近年来,随着汽车消费市场风向的调整,越来越多的汽车厂商开始转向新能源汽车的设计研发,新能源汽车凭借其环保节能、低价高能等优点吸引了众多年轻消费者。

新能源汽车的节能控制和高度智能化主要靠整车控制系统实现,可以说,整车控制系统是电动汽车正常行驶的控制中枢,是整车各项重要功能实现的关键。

整车控制
系统认知

接下来就让我们一起学习整车控制系统的相关知识吧。

5.1.1　整车控制系统的组成

新能源汽车整车控制系统主要有集中式控制和分布式控制两种。这两种系统都是由整车控制器、电池管理系统和电机控制器等部件组成的,其区别在于两者的布置方式不同。

集中式控制系统的基本思想是整车控制器独自完成对输入信号的采集,并根据控制策略对数据进行分析和处理,然后直接对各执行机构发出控制指令,驱动新能源汽车正常行驶。

分布式控制系统的基本思想是整车控制器采集一些驾驶人信号,同时通过 CAN 总线与电机控制器和电池管理系统通信,电机控制器和电池管理系统分别将各自采集的信号通过 CAN 总线传递给整车控制器。整车控制器根据整车信息并结合控制策略对数据进行分析和处理,电机控制器和电池管理系统收到控制指令后,根据电机和电池当前的状态信息控制电机运转和电池放电。

不论哪种控制系统,整车控制系统的组成(图 5-1)大同小异,我们可以从内部执行机构和电气控制系统两个层面对其进行学习。从内部执行机构来看,整车控制系统由整车控制器(VCU)、其他控制单元(如电机控制器、空调控制单元等)、传感器和 CAN 总线组成。从新能源汽车电气控制系统的层面来看,整车控制系统由低压电气控制系统、高压电气控制系统和整车网络控制系统组成。

1. 低压电气控制系统

低压电气控制系统用于控制低压电气设备和电路,如低压蓄电池、刮水器、照明灯及低压电气设备、整车控制器、高压电气设备的电路和电源等。

2. 高压电气控制系统

高压电气控制系统用于控制高压电气设备,如动力电池、驱动电机和 DC-DC 转换器等。

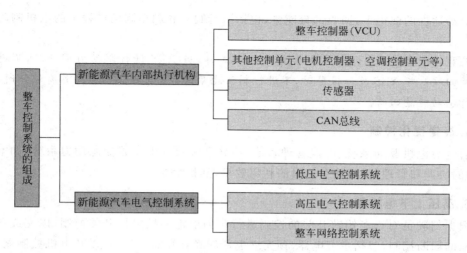

图 5-1 整车控制系统的组成

3. 整车网络控制系统

整车网络控制系统用于整车控制器与电机控制器、电池管理系统(BMS)、空调控制单元等控制单元的通信与管理。

5.1.2 整车控制系统的功能

整车控制系统的主要功能是根据驾驶人的操作和当前整车及各部件工作状况,在保证安全和动力性的前提下,提供最优化的工作模式和能量分配比例,以达到最佳的经济性能。采用整车控制器管理汽车上的各部件工作、整合汽车上的各项功能,如自动巡航、防抱死制动系统(ABS)、自动换挡等,实现信息共享和全局控制,改善驾驶舒适性。

整车控制器根据驾驶人操作信号进行驾驶意图解析,根据各个部件和整车工作的状态进行整车安全管理和能量分配决策,通过 CAN 总线向整车其他电子单元发送命令,并通过硬件资源驱动整车安全操作和仪表显示。

纯电动汽车整车控制功能

1. 驾驶员意图解析

主要是对驾驶员操作信息及控制命令进行分析处理,将加速、制动踏板信号和挡位信号等传递到相关部件控制器以正确可靠地执行驾驶员意图,使车辆按驾驶员的期望完成上下电管理和行驶功能。

2. 驱动控制

根据驾驶员对车辆的操纵输入(加速踏板、制动踏板及挡位开关)、车辆状态、道路及环境状况,经分析和处理,向整车控制系统发出相应的指令,控制电机的驱动转矩驱动车辆,以满足驾驶员对车辆驱动的动力性要求。

3. 制动能量回收控制

整车控制系统根据加速踏板和制动踏板的开度、车辆行驶状态信息及动力电池的状态信息(如 SOC 值)判断某一时刻能否进行制动能量回收,在满足安全性能、制动性能及驾驶员舒适性的前提下,回收部分能量,包括滑行制动和刹车制动过程中的电机制动转矩控制。

注意:能量回收制动不应该干预 ABS 的工作,当 ABS 进行制动力调节时,不进行制动能量回收;当 ABS 故障报警时,不进行制动能量回收;当电驱动系统具有故障时,系统不进行制动能量回收。

4. 能量优化控制

通过对电机驱动系统、电池管理系统、传动系统及其他车载能源动力系统(如空调系统等)的协调和管理,提高整车能量的利用效率,延长续航里程。

5. 高压上下电控制

根据驾驶员对行车钥匙开关的控制进行动力电池的接触器开关控制,以完成各部件高压电的通断控制,包括主继电器、预充继电器的吸合和断开时间,以及电机控制器、电池管理系统等部件的供电。

6. 充电过程控制

与电池管理系统共同进行充电过程中的充电功率控制,整车控制器接收到充电信号后,应该禁止高压系统上电,保证车辆在充电状态下处于行驶锁止状态,并根据电池状态信息限制充电功率,保护电池。

7. 电池管理系统控制

电池管理系统是连接动力电池和新能源汽车的重要纽带,是保护和管理高压电池包的核心部件。它主要用于监测动力电池的荷电状态、工作状态和单体电池间的均衡。

8. 通信管理

整车控制器能对整车通信网络进行管理,并通过 CAN 总线协调驱动电机系统、空调系统、转向系统、制动系统和冷却系统等系统间的通信。

9. 车辆状态的监测与显示

整车控制系统能通过传感器和 CAN 总线对车辆的状态进行监测,并将各控制单元的状态信息和故障诊断信息发送给车载信息显示系统,使其通过组合仪表显示出来。显示内容包括车速、里程、驱动电机转速和温度、动力电池的电量、电压和电流、故障信息等。

10. 整车控制系统的故障诊断与处理

整车控制系统能实时监控车辆电控系统,并对其进行故障诊断和相应安全保护处理,根据传感器的输入信息及 CAN 总线的通信信息,对各种故障进行诊断、等级分类、报警显示、故障码存储等。

 ## 5.1.3 整车控制系统的控制策略

以北汽 EU260 为例,整车控制系统在进行整车行为控制时会按照正常模式、跛行模式和停机保护模式调整控制策略。

1. 正常模式

按照驾驶人的意愿、车辆载荷、路面情况和气候环境的变化,调节车辆的动力性、经济性和舒适性。

2. 跛行模式

当车辆某个系统出现中度故障时,此时将不采纳驾驶人的加速请求,而起动跛行模式,最高车速为 9km/h。

3. 停机保护模式

当车辆某个系统出现严重故障时,控制器将停止发出指令,进入停机状态。

回顾与总结

通过本节的学习,我们已经解决了本项目的第 1 个问题:什么是整车控制系统?接下来请同学们完成后续内容的学习,解决下一个问题:整车控制器的结构是怎样的?

5.2 整车控制系统的结构

5.1.1 小节曾讲过从内部执行机构来看,整车控制系统由整车控制器(VCU)、其他控制单元(如电机控制器、空调控制单元等)、传感器和 CAN 总线组成,接下来就让我们一起简单认识一下这些组成部件吧。

整车控制器结构及原理

5.2.1 整车控制器

整车控制器简称 VCU,具有较高的可靠性,以及良好的容错性、电磁兼容性和环境适应性,能保障新能源汽车的安全、稳定运行,是新能源汽车的核心控制部件,如图 5-2 所示。

纯电动汽车整车控制器工作过程

1. 整车控制器的功能

整车控制器能采集加速踏板信号、制动踏板信号及其他部件信号并做出相应判断,控制下层控制器的动作。具体来讲,VCU 通过采集驾驶员驾驶信号和车辆状态,利用 CAN 总线控制下层控制器,实现对网络信息的管理、调度、分析和运算,进行相应的能量管理,实现整车驱动控制、能量优化控制、制动能量回收控制、高压上下电控制、充电过程控制、实时监测车辆状态和故障诊断与处理等功能。

2. 整车控制器的结构

整车控制器的硬件组成包括微处理器、电源管理模块、电源保护模块、功率驱动模块、信号采集模块、CAN 通信模块等部分,如图 5-3 所示。

微处理器是整车控制器的核心部分,主要负责外部输入信号的采集和处理、控制指令的输出等。微处理器包含复位电路、晶振电路和程序开发接口等。

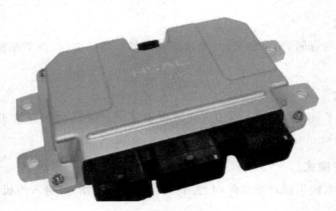

图 5-2　整车控制器

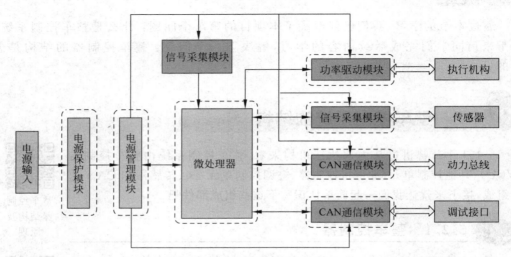

图 5-3　整车控制器的硬件组成

电源管理模块用来实现电压转换，它能将动力电池的高压电转换为低压电，并将低电压提供给微处理器、CAN 通信模块，以及需要整车控制器提供电能的传感器等。

电源保护模块位于每个芯片的电源输入引脚处。它能减小电源电压扰动对整个电路的影响，从而在输入电源电能时保护整个电路。

功率驱动模块主要在执行机构的控制电路中使用，它能放大整车控制器发出的动作控制指令，达到驱动执行机构动作的目的。功率驱动模块在各控制单元中均属于执行控制元件。

信号采集模块能对输入的信号进行滤波、限流、分压处理，从而保证输入微处理器的信号在微处理器 I/O 引脚的输入范围内。

CAN 通信模块负责整车控制器与网络控制系统高速 CAN 总线的信息发送与接收。

5.2.2 其他控制单元

1. 电池管理系统

电池管理系统(图 5-4)是电动汽车的"动力源"的钥匙,能使电池为整车提供持续、稳定的能量。作为整车的动力来源,电池管理系统的综合性能将直接影响整车的续航里程。电池管理系统主要用于接收和存储由外置充电装置和能量回收装置提供的电能,并通过高压控制盒连接动力电池,为驱动电机、空调、DC-DC 转换器等用电设备提供电能。

电池管理系统

图 5-4 电池管理系统

2. 电机控制器

电机控制器(图 5-5)有两个功能,一是响应并反馈 VCU 根据驾驶员意图发出的各种指令,实时调整驱动电机的输出,以实现控制驱动电机的转速、转向、转矩和通断;二是通信和保护,实时进行状态和故障检测,保护驱动电机系统和整车安全可靠运行。

3. 空调控制单元

空调控制单元是用于控制车辆空调系统的重要部件。它能调节温度、风速等,让车内的空调系

图 5-5 电机控制器

统运行得更加智能和舒适。它就像是空调系统的"大脑",负责接收各种传感器传来的信息,如车内温度传感器、车外温度传感器、蒸发箱温度传感器、阳光传感器、水温传感器等传感器传来的相关数据。然后根据这些数据和整车控制器的指令决定空调的运行模式和状态。

 5.2.3 CAN 总线

CAN 总线是控制器局域网络的简称,是为解决现代汽车控制系统之间的数据交换而开发的一种串行数据通信协议,目前是国际上应用最广泛的现场总线之一。汽车上的CAN 总线主要用来实现车载各电控单元之间的信息交换,形成车载网络系统。

整车控制系统CAN电路检测

在整车网络控制系统(图5-6)中,整车控制器是信息控制的中心,负责信息的组织与传输、网络状态的监控、网络节点的管理、信息优先权的动态分配,以及网络故障的诊断与处理等功能。CAN总线则负责协调电池管理系统、电机控制器、空调系统、车身控制、ABS等模块相互通信。

一般来说,汽车的车身舒适性控制模块也会被连接到CAN总线上,并借助于LIN(局域互联网络)总线进行外围设备控制,而汽车高速控制系统通常会使用高速CAN总线连接在一起。

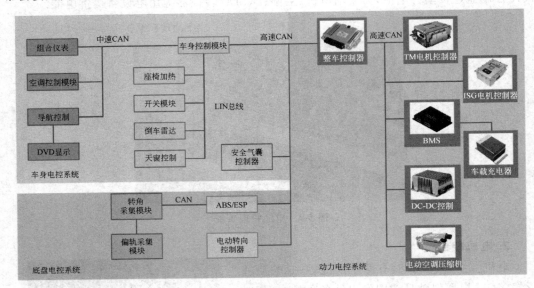

图5-6　整车网络控制系统

5.2.4　传感器

驾驶员的操作及汽车行驶时的工况信号是通过各种各样的传感器进行采集的,传感器将这些数据传送给整车控制器经过算法处理后,形成新的指令信号传送到相应的功能模块,从而使其执行不同的动作。传感器是采集信号的器件,主要作用是将非电量信号转换成电信号输入电控单元,然后电控单元按照设定的程序对这些信号进行分析计算,从而使新能源汽车的各项性能达到最优。

随着汽车智能化的提高,新能源汽车上的传感器越来越多,常见的有加速踏板位置传感器、制动踏板位置传感器、挡位信号传感器等。

1. 加速踏板位置传感器

加速踏板位置传感器直接与整车控制器(VCU)相连。VCU接收加速踏板传感器的信号,分析判断驾驶员的驾驶意图后,通过驱动电机的转速变化实现驾驶员的意志。

加速踏板的控制原理(图5-7)如下:当驾驶员踏下加速踏板时,加速踏板位置传感器将加速信号传递给VCU,VCU根据此信号并结合各电控单元采集到的信息,进行数据分析和处理之后,形成新的指令信号发送到动力电池包和驱动电机,输出合适的转速和转

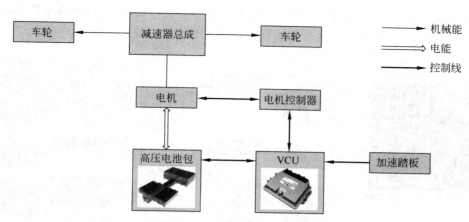

图 5-7 加速踏板的控制原理

矩,从而使电动汽车以驾驶员预期的速度行驶。

2. 制动踏板位置传感器

制动踏板的控制原理(图 5-8)如下:当驾驶员踏下制动踏板时,制动踏板位置传感器将制动信号传输给 VCU,VCU 根据各电子控制单元采集的动力电池状态信息和其他信息,进行数据分析和处理,并形成新的指令信号发送到相应的功能模块,迅速减少动力电池的电流大小,使得电机输出更小的转矩,以实现驾驶员制动的意愿。同时,踏下制动踏板能够接通与后制动灯相连的电路,令后制动灯亮起。在减速过程中,车轮通过传动装置拖动永磁同步电机转子运转,旋转的转子磁场分别切割 U 相、V 相、W 相的定子绕组且产生 U、V、W 三相交流电,同时电机控制器接收 VCU 的控制信号,将输入的三相交流电整流为直流电,储存到动力电池中。

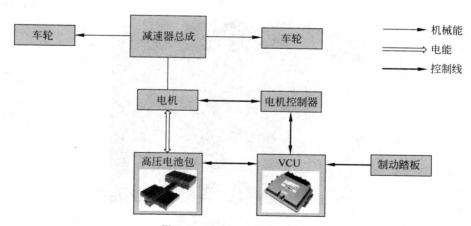

图 5-8 制动踏板的控制原理

3. 挡位信号传感器

挡位控制关系着驾驶员的安全,挡位信号传感器应正确理解驾驶员的意图,正确识别车辆挡位,在出现故障时做出相应处理,保证整车的行车安全。在驾驶人出现挡位误操作时,通过仪表灯提示驾驶人,使驾驶人迅速做出纠正。挡位开关控制原理(图 5-9)如下:

挡位信号传感器识别换挡机构的信号,并将信号传递至整车控制器,再由整车控制器输出相应的执行指令,并将信息传递至仪表板、倒车灯、电机控制器。

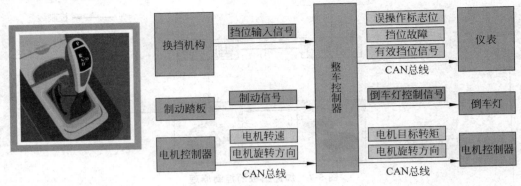

图 5-9　挡位开关控制原理

5.2.5　执行机构

1. 冷却风扇

冷却风扇总成(图 5-10)安装在机舱内散热器的后部,它可增加散热器和空调冷凝器的通风量,从而有助于加快车辆低速行驶时的冷却速度。风扇采用双风扇、高低速的控制模式,通过两个不同的电机驱动扇叶。冷却风扇由整车控制器(VCU)通过冷却风扇低速继电器和冷却风扇高速继电器直接控制,在低速电路中,采用串联调速电阻的方式改变风扇的转速。

冷却风扇

图 5-10　冷却风扇总成

由冷却风扇的电气原理(图 5-11)可知,冷却风扇分为主风扇和副风扇,两者的结构与工作原理相同。两个风扇均由两个风扇继电器供电,一个为高速风扇继电器,另一个为低速风扇继电器。两个继电器均由整车控制器控制其工作。整车控制器根据车辆热管理系统的工作状态,自行调整冷却风扇的工作挡位,当散热需求不高时,控制低速风扇继电器工作；当动力电池、驱动电机温度过高或者空调制冷系统工作时，整车控制器控制高速风扇继电器工作，主、副散热器风扇均以高速运行，以满足散热需求。

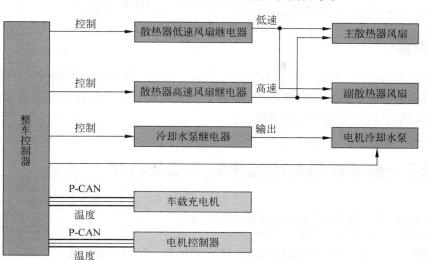

图 5-11　冷却风扇的电气原理

2. 电动水泵

电动水泵的电气原理（图 5-12）如下：当整车控制器接收到电机控制器传来的温度信号后，会将该温度与环境温度进行比较。若该温度过高，整车控制器则控制电动水泵继电

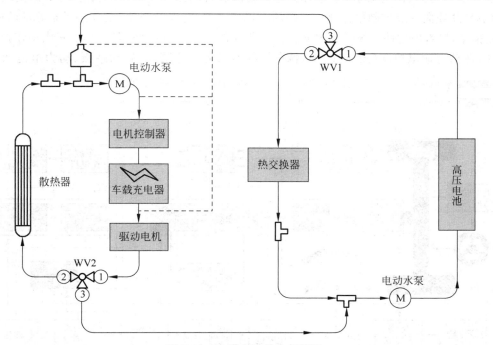

图 5-12　电动水泵的电气原理

器线圈通电,电动水泵继电器吸合,电动水泵开始工作,使冷却液不断地获得能量,使其在电机冷却系统流道内循环流动。同时在散热器、冷却风扇等部件的配合工作下,实现大小循环,调节冷却液的温度在一定的范围内,以保证电机的正常工作。

回顾与总结

通过本节的学习,我们解决了本项目的第 2 个问题:整车控制系统的结构是怎样的?接下来请同学们完成后续内容的学习,解决下一个问题:整车控制系统的控制原理是什么? 如何对整车控制系统进行常规检修?

5.3　整车控制系统的控制原理及检修

5.3.1　整车控制系统的控制原理

整车控制器故障检修

由于整车控制器的核心软件和程序一般由不同的生产厂商研发,因此其在控制过程中会有些微差异,下面以北汽 EU260 为例,学习整车控制系统的控制原理,如图 5-13 所示。

从图 5-13 可以看出,整车控制器的控制为二级控制,在工作过程中,它主动采集钥匙信号、加速踏板、制动踏板、挡位信号和其他传感器信号,然后提取出有效值,通过对这些有效值进行判断、计算,进入相应的工作模式,再由 CAN 总线向一级控制单元(图 5-14)的电机控制器、电池控制器、充电控制器等发送整车控制指令,接着由这些一级控制单元去控制相应的二级执行元件(图 5-15),完成动作输出。例如,在动力输出控制(图 5-16)中,整车控制器采集加速踏板、制动踏板、动力电池状态、

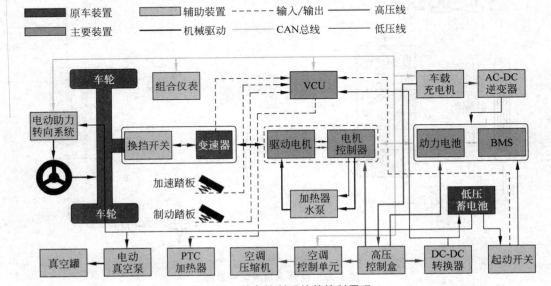

图 5-13　整车控制系统的控制原理

驱动电机状态、电辅助状态等信号并进行处理,处理之后再向驱动电机控制器发出指令,控制驱动电机作为发电机或电动机、正转或反转、转速快或慢等。

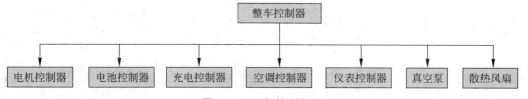

图 5-14　一级控制单元

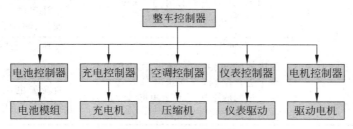

图 5-15　二级执行元件

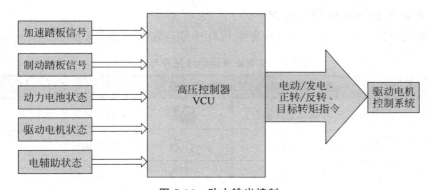

图 5-16　动力输出控制

 ## 5.3.2　整车控制系统的故障分级及仪表报警指示灯符号与含义

1. 故障分级

整车控制系统根据 VCU、动力电池、驱动电机、DC-DC 转换器、CAN 总线等的状态,判断故障对整车的影响,进而判断故障的等级,从而采取相应的系统响应。

如表 5-1 所示,一般整车控制系统会按照故障对整车影响程度的不同将其分为 4 个等级。

表 5-1　故障分级

等级	故 障 影 响	故 障 后 处 理	故 障 列 表
一级	致命故障,会对车辆和乘车人员的安全造成严重的影响	紧急断开高压回路	电机控制器直流母线过电压故障、BMS 一级故障

等级	故障影响	故障后处理	故障列表
二级	严重故障，车辆无法运行	对于驱动电机系统二级故障，将驱动电机的转矩降为零；对于动力电池系统二级故障，限制动力电池的放电电流，使其小于20A	电机控制器电流过大，IGBT、旋变传感器故障，电机故障，挡位信号故障
三级	一般故障，车辆可在低性能状态下运行	进入跛行模式，车辆以低性能运行	加速踏板信号故障
		降低驱动电机的功率	电机控制器电机超速保护
		限功率，动力电池以小于7kW的输出功率运行	跛行故障、SOC<1%、动力电池单体欠电压、BMS内部通信、硬件等三级故障
		限速，车辆以小于15km/h的车速行驶	低压、欠电压故障，制动故障
四级	轻微故障	四级故障只给予维修提示，VCU不对整车进行限制，仅在组合仪表显示；四级能量回收故障下仅停止能量回收，不影响车辆行驶	驱动电机温度传感器异常、直流欠电压、DC-DC转换器异常等故障

2. 仪表报警指示灯符号与含义

新能源汽车整车控制系统仪表报警指示灯符号与含义如表5-2所示。

表5-2　仪表报警指示灯符号与含义

指示灯符号	含义	指示灯符号	含义
	电机及控制器过热指示灯		动力电池充电指示灯
	安全气囊故障指示灯		位置指示灯
	制动系统故障指示灯		远光指示灯
	驻车制动指示灯		后雾指示灯
	驻车系统故障指示灯		日间行车指示灯
	左转向指示灯		驾驶人安全带未系报警指示灯
	右转向指示灯	TPMS	胎压监测系统故障指示灯
	蓄电池充放电状态指示灯		胎压异常指示灯
READY	运行准备就绪指示灯	(ABS) EBD	ABS、EBD故障指示灯
ECO	ECO模式指示灯		电子稳定控制系统(ESP)故障指示灯
ECO+	ECO+模式指示灯	OFF	电子稳定控制系统(ESP)关闭指示灯

续表

指示灯符号	含　义	指示灯符号	含　义
SPORT	SPORT 模式指示灯	（巡航图标）	巡航指示灯
（充电插头图标）	充电线连接指示灯	EPS	电动助力转向系统故障指示灯
（减速器图标）	减速器故障指示灯	（汽车轮廓图标）	系统故障指示灯
（乌龟图标）	功率限制指示灯	（蓄电池图标）	动力蓄电池故障指示灯

 ### 5.3.3　整车控制系统挡位传感器的检修

1. 故障现象

北汽 EU260 换挡旋钮在 R、N、D、E 这 4 个挡位之间进行切换时,仪表面板上无法显示对应的挡位,无法进行换挡。

2. 故障原因分析

北汽 EU260 的 4 个挡位(图 5-17)分别为 R 挡、N挡、D 挡、E 挡,传感器将信号输入至挡位传感器(单元),挡位传感器(单元)通过 4 根信号线路与 VCU 进行通信,传输挡位信号。

北汽 EU260 旋钮电子换挡器接口引脚如图 5-18 所示,从左至右依次为 B1～B12,其中各个引脚的含义如表 5-3 所示,其中 B2～B5 代表相位信号,B1 及 B6 为低压电源供电端口,B7 及 B9 为背光灯电源及接地端,其余均为备用端子。

图 5-17　北汽 EU260 的 4 个挡位

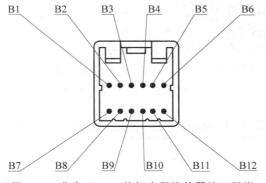

图 5-18　北汽 EU260 旋钮电子换挡器接口引脚

表 5-3　各个引脚的含义

序号	功能定义	电压/V			电流/A
		最小	正常	最大	
B1	电源供电	6.50	12.00	19.00	500.00
B2	相位信号 1	—	4.72/0.35	—	1.00
B3	相位信号 2	—	4.72/0.35	—	1.00
B4	相位信号 3	—	4.72/0.35	—	1.00
B5	相位信号 4	—	4.72/0.35	—	1.00
B6	电源地端	—	—	—	500.00
B7	背光灯电源	0.00	12.00	—	50.00
B8	备用	—	—	—	
B9	背光灯接地端	—	—	—	50.00
B10	方向盘换挡拨片接插件脚 1（未采用）				
B11	方向盘换挡拨片接插件脚 2（未采用）				
B12	备用	—	—	—	

当车辆换挡功能正常时，4 个相位信号均有相应的参考电压，如表 5-4 所示。

表 5-4　相位信号参考电压　　　　　　　　　　　　单位：V

挡位	信号 1	信号 2	信号 3	信号 4
R	4.72	4.72	0.35	0.35
N	4.72	0.35	0.35	4.72
D	0.35	4.72	0.35	4.72
E	0.35	4.72	4.72	0.35

图 5-19　换挡器引脚检测

3. 故障检测流程

（1）拆下北汽 EU260 控制面板的副仪表盘。

（2）打开点火开关至 ON 挡，找到换挡器 B2～B5 引脚。

（3）换挡器引脚检测如图 5-19 所示。用数字万用表分别测量接插件上引脚的电压，并与接口定义进行对照。

若与接口定义相符，则可以判断出换挡旋钮没有故障，应检查其他电器元件或线束。若与接口定义不相符，则可以判断出是换挡旋钮出现故障，应将换挡旋钮拆下，送回厂家进行返修，或用新零件进行更换。

 5.3.4　整车控制系统加速踏板传感器的检修

1. 故障现象

比亚迪 E6 车辆无法加速，送到维修站检查，通过检查确认故障现象为车辆能上高压电,踩下加速踏板时,车辆无反应,仪表系统故障灯亮起,通过故障诊断仪查询故障码,显示"加速踏板传感器故障"。

2. 故障原因分析

比亚迪 E6 加速踏板位置传感器(图 5-20)位于主驾驶员右脚处,查阅维修手册中该车加速踏板位置传感器电路原理图(图 5-21)发现,该车加速踏板位置传感器为滑动电阻式传感器,有两套相同的控制电路,可通过可变电阻原理检测加速踏板位置信号。

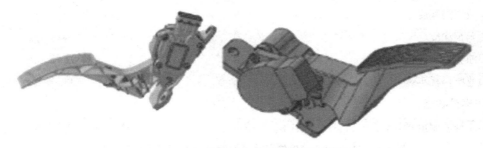

图 5-20　比亚迪 E6 加速踏板位置传感器

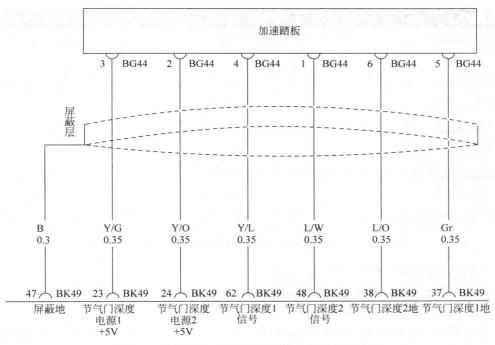

图 5-21　比亚迪 E6 加速踏板位置传感器电路原理

3. 故障排除

1)检测加速踏板的位置

将故障诊断仪连接到诊断座上,将点火开关置于 ON 位置,开启故障诊断仪,分别查看 1 号加速踏板位置故障诊断仪上的节气门深度信号值(图 5-22)与 2 号加速踏板位置故障诊断仪上的节气门深度信号值(图5-23),并与正常参考值进行比对。若检测值不在规定范围内,则需分别检查23节气门深度电源1和24节气门深度电源2的电压。

名称	值	参考值	单位
□动力系统状态	正常		
□水泵状态	保留		
□巡航状态	保留		
□节气门深度	99		%
□刹车深度	0		%
□前驱目标按钮	0		牛顿米
□巡航目标车速	25.5		km/h
□OK灯状态	点亮		
□无极风扇请求状态	8		%

图5-22 1号加速踏板位置故障诊断仪上的节气门深度信号值

名称	值	参考值	单位
□动力系统状态	正常		
□水泵状态	保留		
□巡航状态	保留		
□节气门深度	69		%
□刹车深度	0		%
□前驱目标按钮	0		牛顿米
□巡航目标车速	25.5		km/h
□OK灯状态	点亮		
□无极风扇请求状态	8		%

图5-23 2号加速踏板位置故障诊断仪上的节气门深度信号值

2)检查加速踏板位置传感器的电压

(1)断开加速踏板位置传感器连接器。

(2)将点火开关置于ON位置。

(3)将数字万用表置于直流电压(V)挡,检测23和62、24和48两端子之间的电压,记录检测数据并与标准数据进行比对。

如果检测数据不在规定范围内,则检查加速踏板位置传感器至VCU段线束和连接器。

如果检测数据在规定范围内,则检查加速踏板位置传感器控制电路。

3) 检查加速踏板位置传感器控制电路

（1）断开蓄电池负极。

（2）断开加速踏板位置传感器连接器。

（3）将数字万用表置于欧姆（Ω）挡，检测 62 和 37、48 和 38 两端子之间的电阻，记录检测数据并与标准数据进行比对。

如果检测数据不在规定范围内，则更换加速踏板位置传感器（加速踏板总成）。

如果检测数据在规定范围内，则更换整车控制器（VCU）。

4) 检查加速踏板位置传感器与 VCU 之间的电路

（1）断开蓄电池负极电缆。

（2）分离 VCU 线束连接器。

（3）断开加速踏板位置传感器连接器。

（4）将数字万用表置于欧姆（Ω）挡，按表 5-5 中检测仪的连接方式检测两端子之间的电阻，记录检测数据并与表 5-5 中的标准数据进行比对。

表 5-5　不同端子之间电阻标准值

检测仪连接	条　件	规　定　值
62 或 4 车身搭铁	始终	10MΩ 或更大
37 或 5 车身搭铁		
48 或 1 车身搭铁		
38 或 6 车身搭铁		
62-4	始终	小于 1Ω
37-5		
48-1		
38-6		

如果所测电阻值正常，则更换 VCU；如果所测电阻值异常，则需要维修或更换线束和连接器。

（5）连接 VCU 线束连接器。

（6）重新连接加速踏板位置传感器连接器。

（7）连接蓄电池负极电缆。

回顾与总结

通过本节的学习，我们解决了本项目的第 3 个问题：整车控制系统的控制原理是什么？如何对整车控制系统进行常规检修？接下来同学们就可以利用自己所学的知识完成情景导入中的电子换挡器故障检测及整车控制器（VCU）的数据流读取。祝同学们实践顺利。

整车控制
器的故障
分级

任务实施

1. 小组协作

请同学们按表 5-6 的提示，根据各自的专长进行分工，相互协作完成工作任务。

表 5-6　小组分工表

组　　名	成　员　名	专　　长	期望成长点
		动手操作	
		理解思考	
		文献阅读	
		数据处理	
		拍摄记录	
		统筹安排	

2. 操作考核

1）任务描述

（1）一辆新能源汽车电子换挡器发生故障，挡位一直显示 P 挡，学生完成汽车解码器的操作，读取整车控制器（VCU）及相关数据流。能正确连接汽车解码器；用解码器进行汽车故障码的读取和清除；能读取教师指定的 5 个数据流信息，并分析出电子换挡器的故障原因。

（2）考试计时开始后，考生才可进行操作，按考题要求完成工作任务，并将考试相应内容记录在工单上，任务完成整理场地后结束任务。

2）实施条件

（1）工位要求。

① 每个场地要求配备 1～2 个工位。

② 每个工位配备分类回收垃圾桶。

（2）工量具、仪器设备及材料清单如表 5-7 所示。

表 5-7　工量具、仪器设备及材料清单

序　号	名　　称	备　　注
1	北汽 EU5	1 台
2	工具车	配备专用绝缘工具
3	数字万用表、绝缘电阻检测仪	2 个
4	解码器	1 台
5	车内、外三件套，车轮挡块	2 个
6	电路图、诊断仪	1 个
7	绝缘垫、安全帽、绝缘手套、护目镜、绝缘鞋	拆装、检查用
8	扫帚、拖把、灭火器、安全警示牌	清洁场地，安全设备

3）操作时限

考核时限：45分钟。

4）实操评分标准

"整车控制器（VCU）数据流的读取与分析"实操评分标准如表5-8所示。

表 5-8　"整车控制器（VCU）数据流的读取与分析"实操评分标准

序号	考核项目	配分	扣分标准（每项累计扣分不超过配分）
1	安全文明否决		造成人身、设备重大事故，或恶意顶撞考官、严重扰乱考场秩序，立即终止考试，此题计0分
2	安全文明生产	20分	（1）操作前不检查设备、工具、量具、零件（含被考官提醒），每次扣3分。 （2）工量具与零件混放，或摆放凌乱，每次每处扣2分。 （3）竣工后未清理工量具，扣2分。 （4）竣工后未清理考核场地，扣2分。 （5）不服从考官、出言不逊，每次扣5分
3	工量具、仪器准备	5分	（1）工量具、仪器每少准备1件扣1分。 （2）工量具、仪器选择不当，每次扣2分
4	高压安全防护设备的穿戴	10分	（1）不检查护目镜扣2分，不戴护目镜扣2分。 （2）不检查绝缘手套扣3分，不戴绝缘手套扣3分。 （3）不检查安全帽扣2分，不戴安全帽扣2分。 （4）不检查绝缘鞋扣2分，不穿绝缘鞋扣2分
5	故障现象确认	5分	不进行故障确认扣5分
6	连接汽车解码器	15分	（1）测试线选择不正确扣2分。 （2）测试卡未插好扣2分。 （3）连接仪器时点火开关未关闭扣3分。 （4）诊断座选择错误扣3分。 （5）未连接好扣5分
7	读取故障码	10分	（1）不能正确进入测试界面扣5分。 （2）故障码读取不正确每个扣3分
8	清除故障码	10分	（1）不能正确进入清码界面扣5分。 （2）故障码未清除每个扣3分
9	读取指定数据流	15分	（1）不能进入数据流界面扣2分。 （2）数据流信息错误每个扣3分
10	退出仪器	5分	（1）未能正常退出扣2分。 （2）拆卸仪器时点火开关未关闭扣3分
11	维修记录	5分	（1）维修记录字迹潦草扣2分。 （2）填写不完整，每项扣1分
	合　计	100分	

5）操作工单

"整车控制器（VCU）数据流的读取与分析"操作工单如表5-9所示。

表 5-9 "整车控制器(VCU)数据流的读取与分析"操作工单

车型	

一、准备工作

项　　目	情　况　记　录
(1) 工量具及仪器设备准备	
(2) 维修手册准备	
(3) 被测车辆准备	

二、操作过程

要求：会查阅维修手册；能正确使用解码器

记录车辆基本信息	VIN 码：			
	品牌		整车型号	
	驱动电机型号		驱动电机功率	
	动力电池工作电压		动力电池容量	
故障现象				
蓄电池电压	_____ V			
高压安全防护设备的穿戴	1. 检查并佩戴护目镜。 护目镜镜面有无划花：　□有　　□无 护目镜镜架螺钉是否松动：　□是　　□否 护目镜镜架有无断裂：　□有　　□无 2. 检查并佩戴绝缘手套。 绝缘手套有无针眼、砂孔、裂纹、断裂：　□有　　□无 绝缘手套有无粘连：　□有　　□无 绝缘手套有无漏气：　□有　　□无 耐压值：_____ V 3. 检查并佩戴安全帽。 安全帽有无针眼、砂孔、裂纹、断裂：　□有　　□无 4. 检查并穿戴绝缘鞋。 绝缘鞋有无开裂、断裂、脱胶：　□有　　□无 耐压值：_____ V			
高压线束连接情况				
读取整车控制器(VCU)数据流	加速踏板开度		制动踏板信号	
	挡位信号		直流母线电压 V1	
	直流母线电压 V2		直流母线电压 V3	
	MCU 使能指令		MCU 低压控制电压	
读取故障码				
清除故障码	记录：			

续表

退出仪器	记录：
6S 整理	记录：

3. 评价总结

请参照表 5-10 对本任务实施活动中自己的综合表现进行最终评分。

表 5-10　任务实施最终评分表

		要　　求	分值	自评（25%）	互评（25%）	教师评价（50%）
综合素质	思维能力	能够从不同的角度提出问题,并考虑解决问题的方法	5 分			
	自学能力	能够通过自己已有的知识经验独立地获取新的知识信息	5 分			
	创新能力	能够跳出固有的课内外知识,提出自己的见解、培养自己的创新性	15 分			
	表达能力	能够正确地组织和表达自己的意见与看法	15 分			
	合作能力	能够与小组成员团结合作、友好沟通,共同完成任务	5 分			
	学习方法	能够根据本任务调整自己的学习方法与思路	5 分			
职业技能	课内实操	能够按照标准流程完成本任务的操作考核	40 分			
	课外实操	能够完成其他车型的数据流及故障码读取,并能够对整车控制器进行拆装 整车控制器 VCU 数据流的读取与分析　　整车控制器拆装与检测	10 分			

最终得分：

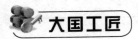 大国工匠

爱岗敬业、脚踏实地
——唐跃辉：勇当新能源汽车研发的排头兵

唐跃辉，深蓝汽车科技有限公司首席技能大师，全国技术能手，中国工会第十八次代表大会代表，重庆市劳动模范，重庆"巴渝工匠"，2023 年重庆市"最美产业工人"。

1992 年，唐跃辉从江陵机器厂技工学校毕业后，如愿进入长安汽车，成为 137 车间一名普通的技术工人，从事汽车性能试验相关工作。

在工作中，唐跃辉始终坚持深入一线，从不缺席每年的三高（高温、高原、高湿）试验。北至漠河、南至海南，"在中国最冷的时候去最冷的地方，在中国最热的时候去最热的地方"便是唐跃辉每年的"度假"标配。

2009 年至今，唐跃辉带领长安新能源汽车试验团队，为长安新能源汽车的试验验证工作奉献着自己的智慧。

他带领团队在长安 CAPDS 的基础上，以"三横五纵"为思路，建立了"长安新能源汽车零部件试验验证体系"和"竞品对标体系"，包含零部件级、系统级、整车级试验项目共 2380 项，产品对标项目 740 项。

通过多年性能试验的经验积累，唐跃辉与团队一起提出混合动力系统可靠性交变负荷实验循环工况，被行业标准 QC/T 926—2013《轻型混合动力电动汽车（ISG 型）用动力单元可靠性试验方法》所采用，已被成功推广到整个混合动力汽车行业中。

这些年来，唐跃辉坚持精耕细作，潜心钻研，积极承担了多项国家级、省部级重大科研项目。"不是为工作而工作，我喜欢有难度的事情，喜欢挑战，不断实现突破的过程，我很享受。"唐跃辉说。

他还深耕校企合作和职业教育工作，创新人才培养模式，与成渝两地 10 余所本科、高职、中职院校签订了校企合作协议。2017 年，唐跃辉劳模创新（技能大师）工作室成立后，在他的带领下，培养的学徒已分布在研发、生产、售后工作岗位上，其工作室已成为新能源汽车行业培养高技能人才的摇篮。

资料来源：黄仕强. 代表风采｜唐跃辉：穿过"冰与火"勇当新能源汽车研发的排头兵[R/OL].（2023-10-10）[2024-11-15]. https://www.workercn.cn/c/2023-10-10/8008208.shtml.

 项目测验

 一、单选题(每题 3 分，共 27 分)

1. 打开点火开关，仪表正常点亮，用解码仪扫描全车，整车控制器不能通信的原因可能是（　　）。

    A. 开关损坏   B. 诊断接口损坏

C.　主接触器不工作　　　　　　D.　整车控制器供电保险断路

2.　以下会造成整车无法驱动的是(　　　)。

　　A.　智能钥匙电量不足　　　　　B.　动力电池包 SOC 低

　　C.　旋变传感器余弦信号线断路　D.　DC-DC 转换器不工作

3.　CAN-H 对 CAN-L 的电阻值为(　　　)。

　　A.　30Ω 左右　　　　　　　　　B.　60Ω 左右

　　C.　240Ω 左右　　　　　　　　　D.　无穷大

4.　CAN-H 对搭铁的电压值为(　　　)。

　　A.　2.5～3.5V　　　　　　　　　B.　1.5～2.5V

　　C.　3V 左右　　　　　　　　　　D.　2V 左右

5.　CAN-L 对搭铁的电压值为(　　　)。

　　A.　2.5～3.5V　　　　　　　　　B.　1.5～2.5V

　　C.　3V 左右　　　　　　　　　　D.　2V 左右

6.　以下不会造成整车无冷风的是(　　　)。

　　A.　电池包温度过高　　　　　　B.　PTC 不工作

　　C.　室内制冷膨胀阀损坏　　　　D.　无冷媒

7.　高压互锁锁止的原因可能是(　　　)。

　　A.　高压插接件断开　　　　　　B.　保险烧毁

　　C.　高压用电器不工作　　　　　D.　整车不能上高压

8.　新能源汽车正常行驶的控制中枢是(　　　)。

　　A.　整车控制器　　　　　　　　B.　电机控制器

　　C.　整车控制系统　　　　　　　D.　电池管理系统

9.　以下不属于整车控制系统功能的是(　　　)。

　　A.　动力系统控制　　　　　　　B.　驱动功能

　　C.　车辆状态监测　　　　　　　D.　故障诊断及储存功能

二、多选题(每题 4 分,共 20 分)

1.　整车控制系统对车辆性能的影响有(　　　)。

　　A.　动力性　　　　B.　安全性　　　　C.　经济性　　　　D.　整车的协调控制

2.　(　　　)属于纯电动汽车整车控制器的功能。

　　A.　故障诊断与处理　　　　　　B.　整车能量管理和优化

　　C.　整车的网络化管理　　　　　D.　制动能量回馈控制

3.　车辆显示仪表显示的内容包括(　　　)。

　　A.　电机的转速、车速　　　　　B.　故障信息

　　C.　电池的电量　　　　　　　　D.　能量回收

4.　(　　　)属于混合动力整车控制器的硬件系统。

　　A.　输入输出模块　　　　　　　B.　电源模块

　　C.　微控制器系统　　　　　　　D.　存储模块

5. 以下关于典型分布式分层结构整车控制系统的描述正确的有(　　　)。

    A. 该结构类型的整车控制系统中最高层是电机控制器

    B. 该结构类型的整车控制系统中最高层是整车控制器

    C. 该结构类型的整车控制系统中间层是整车控制器

    D. 该结构类型的整车控制系统最底层是执行层,负责执行指令

三、判断题(每题 2 分,共 26 分)

1. 吉利 EV300 新能源汽车,当控制面板给 VCU 发送压缩机开机请求和功率请求时,风扇做低速运转;当控制面板给 VCU 发送风扇高速请求时,VCU 控制风扇做高速运转。(　　　)

2. 总正接触器和总负接触器一般由 BMS 和 VCU 控制。(　　　)

3. 电机控制器(MCU)根据 VCU 的指令,控制电机的旋转状态。(　　　)

4. 纯电动汽车制动能量回收系统主要由整车控制器、储能系统(动力电池组)、电机控制器、驱动电机、液压系统以及传动装置等部分组成。(　　　)

5. 动力电池的温度监测由 BMS 完成,BMS 根据动力电池的单体温度判定动力电池是否起动冷却,并发送冷却请求给 VCU,VCU 转发 BMS 上述信号至 ATC 空调控制器。(　　　)

6. 电动汽车整车控制系统中包括 VCU、BMS、MCU、车身电气等系统,均采用 12V 低压供电。(　　　)

7. 电池管理系统设有高压漏电检测电路。检测到高压绝缘电阻低于安全值时,BMS 通过降低动力蓄电池的输出功率、切断高压电路等措施,避免漏电引起的触电事故。通过 VCU 点亮仪表警告灯。(　　　)

8. 整车控制系统主要由整车控制器、CAN 总线、电机控制器、电池管理系统等组成。(　　　)

9. 整车控制系统可以采用分布式分层控制,是由于整车动力系统的组成部件都有自己独立的控制器。(　　　)

10. 整车控制器对汽车驾驶员的操纵舒适性没有任何影响。(　　　)

11. 电池管理系统是连接动力电池和新能源汽车的重要纽带,是保护和管理动力电池包的核心部件。(　　　)

12. 整车控制器不能提高整车能量的利用效率。(　　　)

13. 整车控制器依据加速踏板和制动踏板的开度以及动力电池的 SOC 值来判断某一时刻能否进行制动能量回馈。(　　　)

四、简答题(第 1 题 13 分,第 2 题 14 分,共 27 分)

1. 简述整车控制系统的功能。

2. 整车控制系统的传感器有哪些?

参考文献

[1] EVTank,伊维经济研究院.中国新能源汽车行业发展白皮书(2024年)[EB/OL].(2024-01-16)
    [2024-12-07]. https://baijiahao.baidu.com/s?id=1788205707429796184&wfr=spider&for=pc.
[2] 王海京,沈洪,周荣斌.救护员[M].北京:人民卫生出版社,2023.
[3] 黄显祥,马涛.纯电动汽车检修[M].上海:华东师范大学出版社,2018.
[4] 吕东明,杨运来.新能源汽车电机及控制系统检修[M].北京:机械工业出版社,2018.
[5] 杨效军.电动汽车常见故障诊断与排除[M].北京:机械工业出版社,2019.
[6] 申荣卫.纯电动汽车整车控制系统检测与修复[M].北京:机械工业出版社,2020.